Erich Preuß

Deutsche Eisenbahnen

1835 bis heute

▲ Filmaufnahmen mit dem Adler-Zug zum 125-Jährigen Jubiläum

Erich Preuß

Deutsche Eisenbahnen

1835 bis heute

Einbandgestaltung: Sven Rauert
Titelbild: Abb. oben: Bis 1857 war der »Adler« bei der Ludwigseisenbahn im Einsatz. Das Raw Kaiserslautern fertigte 1935 den Nachbau der ersten Dampflok in Deutschland.
Foto: Slg. H.-G. Kleine, Archiv transpress
Abb. unten: Gotik und Post-Moderne begegnen sich in Köln Hbf: Einen reizvollen Kontrast zum weltberühmten Kölner Dom bieten ein ICE 3 und die Hallendachkonstruktion.
Foto: DB AG/ Christian Bedeschinski

Bildnachweis:
Die zur Illustration dieses Buches verwendeten Aufnahmen stammen – wenn nichts anderes vermerkt ist – vom Verfasser.

ISBN 978-3-613-71380-2

1. Auflage 2010

Sie finden uns im Internet unter www.transpress.de

Lektor: Hartmut Lange
Innengestaltung: Medienfabrik GmbH, 70174 Stuttgart
Druck und Bindung: Conzella, 85609 Aschheim-Dornach
Printed in Germany

VORWORT

Die 175-Jährige Geschichte der deutschen Ei-senbahnen auf 140 Druckseiten abzuhandeln, ist ziemlich kühn. Möglich war das nur durch Beschränkung auf wesentliche Entwicklungen. Über die Geschichte des Lokomotivbaus und der -technik liegt bereits eine umfangreiche Literatur vor; die Geschichte des speziellen Bahnbaus, vom Gleisbau bis zur Architektur der Dienstgebäude, und auch jene Eisenbahnen außerhalb der Staatsbahnen konnten nur ab und zu erwähnt werden. Auch die Bildauswahl musste sich beschränken und verzichtet auf jene Motive, die zu derartigen Themen immer gezeigt werden. Dafür verschafft dieses Buch einen Überblick über die bewegte Entfaltung der Eisenbahnen in den deutschen Ländern mit ihren jeweiligen Fortschritten und Rückschlä-gen. Diese Entwicklung ist noch lange nicht abgeschlossen, wenn man das Für und Wider zur Privatisierung der Staatsbahn, Deutsche Bahn AG genannt, oder ihrer Teile beobachtet. Die Eisenbahnen haben wahrscheinlich ihren Zenit überschritten, jedoch ist ihre Geschichte weiter offen.

Berlin, im Januar 2010   Erich Preuß

▲ Generationen kannten die Eisenbahn von ihrer heimeligen Seite mit dem Wärterhaus samt Rosenstock, dem Läutewerk, der urigen Laterne und dem pflichtbewussten Eisenbahner. Ein Schrankenposten bei Schieder (um 1920).   *Slg. Riepelmeier*

▲ Jeder große Bahnhof hatte Räume für »Hohe und Höchste Herrschaften«, auch in Frankfurt am Main gab es das sogenannte Kaiserzimmer (um 1880). *Slg. DB-Museum*

1930 1940 1950 1960 1970 1980 1990 2000 2010

1. Die Ludwigsbahn Nürnberg – Fürth 8
Deutschlands erste Lokomotivbahn

2. Staats- oder Privatbahn? 14
Die deutschen Länder sind sich nicht einig

3. Das Eisenbahnnetz wird dichter 36
Reich ohne Reichs-Eisenbahn

4. Blütezeit und Niedergang 48
Die Eisenbahn am Vorabend und während des Ersten Weltkriegs

5. Die Deutsche Reichsbahn 1920 bis 1945 60
Zwischen Glanz und Schande

6. Verlust und Zuwachs 80
Die Eisenbahn an der Saar

7. Wiederaufbau, Neubau, Modernisierung und Rationalisierung 86
Die Deutsche Bundesbahn 1946/1949 – 1993

8. Mangelwirtschaft und Höchstleistungen 104
Die Deutsche Reichsbahn 1945 bis 1993

9. Irrfahrt an die Börse 126
Die Deutsche Bahn AG

Quellenverzeichnis 143

Die Ludwigsbahn Nürnberg – Fürth

Deutschlands erste Lokomotivbahn

▲ Das berühmte Gemälde von Professor Heim verpasste zwar der Lokomotive ein falsches Schild, stellte aber die Protagonisten der Bahn in den Blickpunkt: von Szichaner, Denis, Scharrer, Platner, Binder und von Bäumen (von links).

Die Geschichte der deutschen Eisenbahnen begann zwischen Nürnberg und Fürth, wo die Königlich privilegierte Ludwigseisenbahn gebaut wurde. Diese ist am 7. Dezember 1835 eröffnet worden, der allgemein anerkannte Geburtstag des deutschen Eisenbahnwesens. Mancher meint, die Eisenbahn von Budweis nach Linz und Gmunden sei die erste Eisenbahn des europäischen Kontinents gewesen. Das ist richtig, aber sie war eine Pferdebahn und ist erst viel später in eine konventionelle Eisenbahn umgebaut worden. Die Züge der Ludwigseisenbahn wurden dagegen seit der Inbetriebnahme der Strecke mit Maschinenkraft – das heißt mit Dampflokomotiven – gefördert.

Nach dem Plan ihrer Gründer sollte diese Bahn in Nürnberg auf dem Plärrer beginnen, damals ein öffentlicher Platz in der Nürnberger Vorstadt Gostenhof, durch zwei vor den Stadtmauern gelegene Gärten führen und auf den Feldern in einer Entfernung von 50 bis 80 Fuß (= etwa 15 bis 24 Meter) links von der Chaussee zu ihrem Endpunkt in Fürth hinleiten, der Friedrichstraße, nahe der Promenade.

Diese im Prospekt vorgesehene Linie wurde – ungeachtet aller Dispute, die Trasse zu verlegen

– vom Bauleiter Paul Camille Denis beibehalten. Er veranlasste nur eine wesentliche Änderung: die Beseitigung eines Rondells auf der Staatsstraße, um eine gerade Linienführung zu erhalten. Über Denis werden wir im nächsten Abschnitt mehr erfahren.

Der Kaufmann Georg Zacharias Platner (1781 – 1862), Abgeordneter der Bayerischen Ständekammer, setzte sich für die Ludwigsbahn ein, ebenso der Magistratsrat Johannes Scharrer (1785 – 1844), den Bayern für die Verhandlungen über den Zollverein nach Berlin geschickt hatte und der bei dieser Gelegenheit andere Eisenbahnprojekte kennenlernte. Scharrer schlug übrigens vor, in Nürnberg die Gleise bis vor das Spittler Tor zu verlängern.

Die Bedenken gegen die Linienführung wurden vor allem wegen der Sicherheit der Bevölkerung vor den Gefahren dieses neuartigen Verkehrsmittels geäußert. Deshalb baute man an drei Kreuzungspunkten Wärterhäuschen und besetzte sie ständig mit Posten. Die Polizei verlangte, auf jeder Seite der Feldwege müssten Barrieren angebracht werden, ergänzt von Geländer an den Auffahrten und von Warntafeln. Die Wärter sollten die Schranken einige Minuten vor Ankunft der Wagen schließen.

Nachdem die Bahnlinie nahezu vollendet war und die Fahrzeuge fertig oder eingetroffen waren, begannen am 21. Oktober 1835 die Versuchsfahrten, um den Verbrauch an Kohlen zu messen und vor irgendwelchen Zufällen gewappnet zu sein. Auf dem Personenwagen durften 23 Personen Platz nehmen, die auch die Wirksamkeit der Bremsen erlebten.

Danach folgten Versuchsfahrten mit fünf vollbesetzten Wagen, mit probeweisem Aus- und Einsteigen und mit verschiedenen Arten von Heizmaterial für die Lokomotiven. Wie zu erwarten war, kam es bei der Holzfeuerung zu starkem Funkenflug. Doch die Leute ließen sich nicht abhalten, an diesen Fahrten teilzunehmen, für 36 Kreuzer je Person, gespendet dem Armenfonds beider Städte.

▲ Die »Adler« als Zeichnung von Rebenstein war eigentlich eine Lokomotive in Belgien, die der Ludwigsbahn war schwächer gebaut.

Schon damals kam es zu Übertretungen der Vorschriften, wie dem Überschreiten der Bahnanlagen selbst kurz vor dem nahenden Zug, so dass die Polizeibehörden einschreiten mussten, die Zeitungen die Maßnahmen zur Aufrechterhaltung von Ruhe und Ordnung bekannt gaben und die Behörden an die Vernunft der Bürger appellierten. Besondere Vorkehrungen wurden für die Eröffnungsfeierlichkeiten getroffen. Einzelheiten sind in der Dissertation von Wolfgang Mück aus dem Jahr 1985 [1] aufgeführt.

Eigentlich sollte die Bahn am 25. August 1835 zum Geburtstag des bayerischen Königs Ludwig I. (1786 – 1868) eröffnet werden, doch da fehlten noch Schienen und Lokomotiven. Sollte man die Bauarbeiten im Winter ruhen lassen und den Zugverkehr erst 1836 eröffnen? Im September und Oktober ging es mit den Arbeiten wieder schnell voran, so dass das Direktorium den 24. November als Eröffnungstermin nannte und die Einladungen verschickte. Voreilig, denn es herrschte zu dieser Zeit klirrende Kälte.

9

▲ Zwei Fahrzeuge des Nachbaus vom »Adler-Zug« durch das Reichsbahnausbesserungswerk Kaiserslautern waren 2002 Gäste des Dampflokfestes in Dresden.
Foto: Emersleben

Ein handfester Krach

Und dann, wie vor einer gelungenen Theater- premiere, kam es am Vorabend des neu fest- gesetzten Eröffnungstermins zum handfesten Krach wegen der überschrittenen Kosten. Das Direktorium trat geschlossen zurück; Bürger- meister Binder glättete die Wogen des Streits. Spontan wurden 10.000 Gulden gezeichnet. Der Abend endete im Hause Platners bei Tanz und Soupé. [14]Erst am 7. Dezember nahm die Bahn feierlich ihren Betrieb auf. Nebenbei bemerkt: ein

für künftige Jubiläumsveranstaltungen ungün- stiger Termin. Zu dieser Jahreszeit strömten, an- ders als auf dem berühmten Gemälde von Heim gezeigt, keineswegs die Menschen herbei. Wie sollten sie es auch? Die Reise mit den üblichen Verkehrsmitteln Pferdewagen oder Postkutsche war ihnen im Winter viel zu strapaziös.

Die Eröffnung wurde am Morgen des 7. De- zembers 1835 in der Vorstadt Gostenhof mit der Gewissheit gefeiert, dass hier etwas ge- schichtlich Einmaliges geschieht. Dem Proto- koll der Gesellschaft ist zu entnehmen: »Heute

morgens, um 8 Uhr, kamen die eingeladenen Herren Aktionäre, die königlichen Militär- und Civilbehörden, dann die städtischen Behörden und nahmen theils in der aufgerichteten Tribüne, theils in dem Hofraum der Gesellschaftslokalitäten Platz.

Als alles versammelt war und auch außerhalb des Lokals eine ungeheure Menge Menschen aus der Nähe und Ferne sich eingefunden und inzwischen die Musik des Kgl. Landwehr-Regiments der Stadt Nürnberg gespielt hatte, bestieg Herr Bürgermeister die Estrade.« [1]

Binder pries alle Erfindungen, nannte sie Dokumentationen der göttlichen Abkunft des Menschen. Weit ausholend schilderte er die Entwicklung des Eisenbahnwesens. Man hörte damals den langen Reden gern zu.

Am 8. Dezember 1835 sollte der Regelzugverkehr aufgenommen werden. Er begann um 8 Uhr jedoch mit einem Pferdegespann und zwei Wagen II. und III. Klasse von Fürth nach Nürnberg und zurück und danach alle Stunde. Nur zu den Mittagszügen um 13 Uhr und 14 Uhr waren die Lokomotiven mit dem kompletten Zug eingesetzt. Der Fahrplan war noch nicht endgültig, und im Interesse höchstmöglicher Sicherheit für alle Fahrgäste vieles reglementiert – also umständlich.

Bereits im Dezember 1835 wurde erwogen, die Strecke zum Main und zur Donau fortzusetzen. Das Direktorium der Ludwigsbahn sowie Bürger, vornehmlich Kaufleute und Bankiers aus Regensburg, München und Würzburg, schrieben am 14. Januar 1836 dem »Allerdurchlauchtigsten König« eine entsprechende Bittschrift. Sie meinten, die Eisenbahn könne eine vorzügliche Ergänzung zu dem geplanten Donau-Main-Kanal sein. Man war sich gewiss, dass der König der Bitte entspräche. Das Gegenteil war jedoch der Fall! Der König meinte, die Bahn stehe dem Donau-Kanal entgegen. Lieber solle man den Plan einer Verbindungsstrecke nach Leipzig ausarbeiten.

Endlich am Abend des 16. August 1836, auf der Rückreise von einem Badeaufenthalt in Bad Brückenau, erschien der König in Nürn-

berg. Am folgenden Morgen besichtigte er die Bahn. Selbstverständlich war alles bestens: die Anwesenheit der Honoratioren, Platners Vortrag eines Weihegedichts, die Besichtigung der Lokomotive, der geschmückte Zug, die Ehrenpforte in Nürnberg, die jubelnde Bevölkerung. Von Fürth zurück wollte es der Monarch schneller haben; der Zug fuhr mit 60 bis 70 km/h Geschwindigkeit. Danach wünschte der König, der Zug solle an ihm vorbeifahren. Von einem Aussichtsplatz beobachtete er ihn, und das Volk jubelte ihm zu. Doch ein Freund der Eisenbahn wurde König Ludwig nicht, er begeisterte sich dagegen für den Kanalbau.

Das erste Betriebsjahr schloss finanziell erfolgreich ab. 1838 kehrte der Alltag ein: weniger Lustfahrten, weniger Fremde, abnehmende Zahlen der Reisenden.

1842 musste die Ludwigsbahn eine Verbindung von Fürth zur am 1. Oktober 1844 eröffneten Ludwigs-Süd-Nordbahn bauen sowie dorthin den Personen- und Güterverkehr übernehmen. In der Nähe von Muggenhof entstand die Kreuzung als bewachte »Ausweiche«. Die »Fürther Kreuzung« wurde am 15. Oktober 1844 eröffnet und zu ihr mit Pferden gefahren.

Nach 25 Jahren Betriebszeit kehrte bei der Ludwigsbahn mit ständigen Erweiterungen der Anlagen und Verbesserungen von Lokomotiven und Wagen der Alltag ein. Im Unterschied zu den anderen Eisenbahnen, die sich in Deutschland ausdehnten, fehlten die Massengüter. Die Stadt Fürth erwog, eine Zweigbahn zu bauen, unterließ dies jedoch, als nach dem Ende des Privilegs, ausschließlich den Verkehr Nürnberg – Fürth ausführen zu können, eine Verbindung nach Würzburg geplant wurde. Noch ehe diese Staatsbahnstrecke am 19. Juni 1865 eröffnet wurde, stellte die Ludwigs-Eisenbahn den ohnehin schwachen Verkehr zur Fürther Kreuzung ein und damit die Traktion mit zuletzt drei Pferden.

Mit der Ludwigsbahn ging es in der zweiten Hälfte des 19. Jahrhunderts wieder aufwärts, so dass ein zweites Streckengleis gebaut und das Personal verstärkt werden musste. Auch die

▲ Das Das Ende der Legende: Die letzte Fahrt eines Zuges der Ludwigsbahn zum Schrotthändler Hirschmann am 5. Juni 1925.

Slg. Stadtarchiv Nürnberg

Einnahmen vervielfachten sich. In den Jahren 1870/1871 wurden die Nürnberger Bahnhofsanlagen erweitert. Das Personal der Ludwigs-Eisenbahn musste schließlich verzehnfacht werden.

Konkurrent Pferdestraßenbahn

Dem Verkehrsbedürfnis der beiden zusammenwachsenden Städte in der Zeit nach 1871 entsprach die Bahn immer weniger. 1881 entstand parallel zu ihrer Trasse eine Pferdestraßenbahn. Jetzt stiegen auch die Ausgaben für die Verbesserung der Bahnanlagen und der Fahrzeuge. Während oder weil die Straßenbahn erweitert wurde, ging der Verkehr auf der Ludwigs-Eisenbahn zurück: Zunächst baute man die Trambahn zweigleisig aus, elektrifizierte ihre Strecke von 1896 bis 1898 und beschaffte 1913 schließlich moderne Fahrzeuge.

Nach dem Ersten Weltkrieg fehlten die Arbeitskräfte und das Heizmaterial, alles war teurer geworden. Musste der Betrieb eingestellt werden? Die Bahngesellschaft teilte lakonisch mit: »Gezwungen durch die katastrophale Steigerung der Ausgaben für Kohlen, sonstige Verkehrsmittel, Gehälter und Löhne sind wir nicht mehr in der Lage, den Betrieb weiterzuführen und müssen ihn deshalb am 1. November 1922 stilllegen.« Anlässlich des letzten Betriebstages am 31. Oktober 1922 schrieben die Tageszeitungen: »Der Verkehr auf der Nürnberg-Fürther Eisenbahn, auch Ludwigsbahn genannt, wird eingestellt, nachdem sie seit dem 7. Dezember 1835, also fast 87 Jahre, beide Städte miteinander verbunden hat. Diese Bahn, überhaupt die erste deutsche, welche mit Lokomotiven befahren wurde, ist nun auch ein Opfer der Zeit geworden, wie ja auch andere Verkehrsgesellschaften den wirtschaftlichen Nöten des deutschen Vaterlandes nicht standhalten konnten. Schon früher nach dem Kriege sind verschiedene Klein- und Nebenbahnen nicht mehr in der Lage gewesen, sich lebensfähig zu erhalten. Viele Gesellschaften haben bereits die Betriebsmittel, Lokomotiven und Wagen verkauft. Wie trostlos auch für die Zukunft die Verhältnisse beurteilt werden, geht wohl am besten aus der Tatsache hervor, daß an einzelnen Stellen auch der Oberbau mit verkauft wird und somit an eine Wiedereröffnung in absehbarer Zeit nicht gedacht wird.

In einem Bericht über die feierliche Eröffnung der Ludwigsbahn hieß es seinerzeit: ‚Es möchte keiner, der nicht völlig phantasielos ist, ganz ruhigen Gemütes und ohne Staunen beim ersten Anblick des wunder-wirklichen Phänomens geblieben sein!'«

Das Wunder war dahin. Die Schienen verrosteten, die Anlagen verfielen, bis sie beseitigt wurden. Geschichtslosen Umgang gab es schon damals. Die letzten Relikte der Ludwigsbahn verschwanden beim Bau der Nürnberger U-Bahn. Insbesondere wenn ein Jubiläum dieser Bahn zu feiern ist, wird gern vergessen, dass die erste deutsche Eisenbahn eine private Eisenbahn war. Mancher glaubt gar, die Eisenbahn in Deutschland habe mit dem heute dicht belegten Abschnitt Nürnberg Hbf – Fürth (Bay) Hbf begonnen. Der ist jedoch von den Königlich Bayerischen Staatseisenbahnen erst am

1. Oktober 1862, 37 Jahre nach der Ludwigsbahn, eröffnet worden.

Was sonst noch geschah

1814	Oberbergrat von Baader plant eine Pferdebahn von Nürnberg nach Fürth.
1824	von Amsberg, Begründer der ersten deutschen Staatsbahn, verfasst eine Denkschrift über eine Pferdebahn von Hannover nach Braunschweig.
1827	Friedrich List veröffentlicht eine Schrift über den Nutzen der Eisenbahnen.
1828	Finanzminister Motz schlägt den Bau einer Eisenbahn von Minden nach Lippstadt vor.
1833	Friedrich List veröffentlicht seine Schrift »Über ein sächsisches Eisenbahnsystem als Grundlage eines deutschen Eisenbahnsystems«.
1836	Bayern erlässt am 28. September eine Verordnung über die Eisenbahnen.

Bisherige Jubiläumsfeierlichkeiten

Anlass und Jahr	Feierlichkeit	Besonderheiten
15 Jahre, 1850	Gedenkfeier in Nürnberg mit Musik, Männergesang, Gedichten, Besichtigung der Cramer-Klett-Werke (Firma für Eisenbahnbau), Fahrt nach Fürth, Diner	Unterstützungsfonds beschlossen. Vom Gründungsdirektorium lebte nur noch Platner
50 Jahre, 1885	Gedenkfeier wie 1850, Teilnahme von Vertretern des Königs und solcher Ministerien, die keinen Bezug zur Gründung der Bahn hatten	
75 Jahre, 1910	nichts bekannt	
100 Jahre, 1935	Gedenkstunde zum 150. Geburtstag Scharrers, Ausstellung »Kunst und Eisenbahn«, Wiedereröffnung des Nürnberger Verkehrsmuseums, Großkundgebung, Nachbau des Ludwigbahn-Zuges und Fahrt auf Reichsbahn-Gleisen nach Fürth, Großveranstaltung, Sonderzug zum Empfang durch den DR-Generaldirektor in Berlin	Hitler reist von Nürnberg sofort zur Besichtigung der Reichsautobahn Heidelberg – Frankfurt am Main
125 Jahre, 1960	Festakt im Schauspielhaus, Empfang im Verkehrsmuseum, Fahrzeugschau, »Adler-Zug fährt nach Fürth« auf dem Gleis der Verkehrsbetriebe! Kranzniederlegung an den Gräbern der Begründer, ohne dass Namen genannt werden	Deutsche Bundesbahn wird als Nachfolger der Ludwigseisenbahn angesehen
150 Jahre, 1985	Veranstaltungen ohne Bezug zur Ludwigsbahn und Fahrzeugparade	Gesellschaft der Ludwigsbahn hatte sich zum 31. Dezember 1967 aufgelöst, 1989 eigenständige Veranstaltungen der Deutschen Reichsbahn anlässlich »150 Jahre erste deutsche Fernbahn Leipzig – Dresden«

Staats- oder Privatbahn?

Die deutschen Länder sind sich nicht einig

▲ Der Lokomotivschuppen der ehemals Berlin-Görlitzer Eisenbahn vor dem Panorama der Stadt (1900). Auf dem Bahnhof trafen noch die Strecken der bis 1865 Sächsisch-Schlesischen und der Niederschlesisch-Märkischen Eisenbahn zusammen. *Slg. DB-Museum*

Nach dem wirtschaftlichen Erfolg der Ludwigseisenbahn Nürnberg – Fürth entstanden in allen Gebieten des Deutschen Reiches Eisenbahnunternehmen, 325 waren es bis zum Jahr 1892, nicht gezählt die in der bis 1866 ebenfalls zum Deutschen Bund gehörenden österreichischen Reichshälfte. Das neue Verkehrsmittel fasste in den Ländern und bei der Wirtschaft Fuß, es dominierte, so dass recht schnell der bisher vorzüglich organisierte Landpostverkehr mit der Postkutsche unterging. Trotzdem fehlte es 1845, zehn Jahre nach Eröffnung der Strecke Nürnberg – Fürth, an einem organischen Eisen-

bahnnetz, mochte die Betriebslänge auch auf insgesamt 2152 Kilometer angewachsen sein. Die weitere Entwicklung verlief weder kontinuierlich noch nach einheitlichen Grundsätzen. Zunächst entstanden die Eisenbahnunternehmen aus privater oder kommunaler Hand. In Bayern eröffnete am 1. September 1839 die private München-Augsburger Eisenbahn ihren ersten Abschnitt bis Lochhausen. Am 1. Juni 1846 ging sie in Staatseigentum über. Die Berlin-Frankfurter Eisenbahn nahm am 23. Oktober (Personenverkehr) bzw. am 15. November 1842 (Güterverkehr) den Betrieb als Privateisenbahn

Die ersten deutschen Eisenbahnen von 1835 bis 1841

Eröffnung	Strecke	Bundesland
7. Dezember 1835	Nürnberg – Fürth	Bayern
24. April 1837	Leipzig – Althen	Sachsen
7. April 1839	Leipzig – Dresden (Gesamtstrecke)	Sachsen
22. September 1838	Zehlendorf – Potsdam	Preußen
29. Oktober 1838	Berlin – Potsdam (Gesamtstrecke)	Preußen
1. Dezember 1838	Brauschweig – Wolfenbüttel	Braunschweig
20. Dezember 1838	Düsseldorf – Erkrath	Preußen
29. Juni 1839	Magdeburg – Schönebeck	Preußen
2. August 1839	Cöln – Müngersdorf	Preußen
1. September 1839	München – Lochhausen	Bayern
26. September 1839	Frankfurt am Main – Höchst	Hessen
19. Mai 1840	Frankfurt am Main – Wiesbaden (Gesamtstrecke)	Hessen/Nassau
18. August 1840	Magdeburg – Leipzig (Gesamtstrecke)	Preußen/Sachsen
12. September 1840	Mannheim – Heidelberg	Baden
4. Oktober 1840	München – Augsburg (Gesamtstrecke)	Bayern
1. September 1841	Cöln – Aachen (Gesamtstrecke)	Preußen

auf und kam am 1. Januar 1850 unter staatliche Verwaltung. Sie wurde am 1. Januar 1852 ein Teil der preußischen Staatseisenbahnen.

Die vierte deutsche Eisenbahnstrecke – sie entstand im Herzogtum Braunschweig – war von Anfang an eine Staatseisenbahn. Der im Finanzwesen tätige Geheime Oberlegationsrat Philipp-August von Amsberg (1789 – 1871) hatte schon in den zwanziger Jahren große Pläne für ein nordwestdeutsches Eisenbahnsystem ausgearbeitet. Er überzeugte als Geheimer Oberlegationsrat den Herzog, Braunschweig an das künftige deutsche Eisenbahnnetz anzuschließen und die Eisenbahn seines Landes vom Staat bauen und ihn auch den Betrieb führen zu lassen. Weil sich die Verhandlungen wegen der Bahn zu den Hansestädten mit dem Königreich Hannover hinzogen, das ebenfalls nur Staatsbahnen baute, beschloss Amsberg, zuerst mit der Strecke Braunschweig – Harzburg zu beginnen. 31 Jahre lang war er Generaldirektor der Braunschweigischen Staatseisenbahn, bis er am 31. Dezember 1870 abtrat, aber bereits am 9. Dezember 1871 in Harzburg starb.

Über Jahrzehnte blieb es unentschieden, ob die deutschen Eisenbahnen staatlich oder privat

▲ Philipp August von Amsberg stand beim Bau der Eisenbahn dem Herzog von Braunschweig zur Seite.

sein sollten. Überwogen südlich des Mains die Staatsbahnen, so waren in Norddeutschland die Privateisenbahnen in der Mehrzahl. Von denen standen an der Spitze, geordnet nach der Streckenlänge, die Niederschlesisch-Märkische (189,8 Kilometer), die Oberschlesische (179,2 Ki-

▲ CONSTANZ der Badischen Staatsbahn (1859). Rennpferde waren die Crampton-Lokomotiven, dann aber für lange Züge zu schwach.

lometer), die Berlin-Anhaltische (152,8 Kilometer), die Berlin-Stettiner (134,5 Kilometer) und die Magdeburg-Leipziger Eisenbahn (119,2 Kilometer). Die Leipzig-Dresdener Eisenbahn war zwar nur 115,1 Kilometer lang, aber unter den Privateisenbahnen die bedeutendste.

Verfolgen wir die Verhältnisse in den wichtigsten deutschen Bundesländern in alphabetischer Reihenfolge. Nicht berücksichtigt sind die kleineren Territorien, die sich meist an das Netz des größeren Nachbarn anschlossen. Dazu zählen das Herzogtum Anhalt, die Freie Hansestadt Bremen, die Freie und Hansestadt Hamburg, die Freie und Hansestadt Lübeck, das Fürstentum Lippe-Detmold, das Fürstentum Schaumburg-Lippe, das Fürstentum Schwarzburg-Rudolstadt, das Fürstentum Schwarzburg-Sondershausen, das Fürstentum Waldeck, das Großherzogtum Mecklenburg-Strelitz, das Großherzogtum Sachsen-Weimar-Eisenach, das Herzogtum Sachsen-Altenburg, das Herzogtum Sachsen-Coburg-Gotha, das Herzogtum Sach-

sen-Meiningen sowie das Fürstentum Reuss ältere Linie und jüngere Linie.

Großherzogtum Baden

Die ersten, wenn auch kurzen Strecken entstanden nach 1860. Eigentümer waren Aktiengesellschaften oder Stadtgemeinden. Dazu gehörten die laut Tabelle auf der gegenüber liegende Seite.

Die Hauptbahnen und ihre Zweigstrecken sind auf Kosten des Staats gebaut worden, die mit privatem Kapital errichteten Bahnstrecken wurden von der Staatsbahn betrieben. Bis 1889 gingen die Rheintalbahn, die Strecke Freiburg – Altbreisach, die Elzthalbahn und die Wiesenthalbahn in das Staatseigentum über. Baden besaß ein nahezu reines Staatsbahnsystem. Allerdings glaubte man in den ersten Jahren, die Eisenbahn habe ausschließlich regionale Bedeutung, weshalb man die Normalspur von 1435 Millimeter der anderen Bahnen missach-

Strecke	Bezeichnung der Bahn	eröffnet am
Basel – Schopfheim	Wiesenthalbahn	7. Juni 1862
Dinglingen – Lahr Stadt	Lahrer Eisenbahn	15. November 1865
Rastatt – Gernsbach	Murgthalbahn	1. Juni 1869
Mannheim – Schwetzingen – Karlsruhe	Rheintalbahn	4. August 1870
Freiburg – Altbreisach		16. September 1871
Heidelberg – Speyer	Heidelberg-Schwetzinger Eisenbahngesellschaft	10. Dezember 1873
Denzlingen – Waldkirch	Elzthalbahn	1. Januar 1875
Schopfheim – Zell	Hintere Wiesenthalbahn	5. Februar 1876
Appenweier – Oppenau	Renchthalbahn	1. Juni 1876
Grötzingen – Bretten – Eppingen	Kraichgaubahn	15. Oktober 1879
Ettlingen – Stadt Ettlingen	Ettlinger Stadtbahn	26. August 1855

tete und stattdessen in der Spurweite von 1600 mm baute. Nachdem sich herausstellte, welche länder- und staatsverbindende Funktion die Eisenbahnen besaßen, wurden die Gleise 1854/1855 auf Normalspur umgebaut (siehe auch die am Schluss dieses Abschnitts beschriebene Episode).

Im Großen und Ganzen war das Eisenbahnnetz Badens 1879 vollendet. Die Eisenbahnangelegenheiten gehörten zuerst zum Ministerium der auswärtigen Angelegenheiten, später zum Handels- und schließlich zum Finanzministerium.

Königreich Bayern

Das Geburtsland der deutschen Eisenbahnen besaß als Besonderheit zwei getrennte Eisenbahnnetze: ein größeres im Kernland und ein kleineres links des Rheins in der Pfalz, die damals ebenfalls zum Königreich Bayern gehörte. Im Kernland ging die Entwicklung in fünf Etappen vor sich:

o Bau und Betrieb nur von Privaten

o von 1840 an das Staatsbahnprinzip, als der Bau der ersten Staatsbahn, Nürnberg – Bamberg, beschlossen wurde. Der Regelbetrieb begann am 1. Oktober 1844, am selben Tag kaufte der Staat die München-Augsburger Eisenbahn. Der Bau und die Vollendung einer Eisenbahn quer durch Bayern von Hof bis Augs-

burg und weiter nach Lindau gehört zu den Großtaten des Königs Ludwig I., weswegen sie auch Ludwig-Süd-Nord-Bahn genannt wurde. Hinsichtlich der Streckenlänge nahm sie lange Zeit den ersten Platz unter den deutschen Staatsbahnen ein.

o 1856 Genehmigung der Ostbahn-Gesellschaft für die Strecke Nürnberg – Amberg – Regensburg – böhmische Grenze, wobei der bayerische Staat den Aktionären 4,5 Prozent Gewinn garantierte. Sollte die Eisenbahn einen Verlust aufweisen, musste der Staat die fehlende Summe ausgleichen. Als Hauptaktionäre traten damals in Industrie und Gesellschaft angesehene Persönlichkeiten auf: der Fabrikant Theodor von Cramer-Klett (Nürnberg), die Bankiers von Rothschild (Frankfurt) und als Vorsitzender der AG und Hauptaktionär Fürst Maximilian Karl von Thurn und Taxis. 453 Kilometer Strecken dieser Bahngesellschaft in den wenigen Jahren zwischen 1858 und 1861 tilgten den großen weißen Fleck auf der Eisenbahnkarte im Osten Bayerns.

o von 1869 an Bau von Vicinalbahnen, also der Lokalbahnen, und

o 1875 Kauf der Ostbahnen, um die Konkurrenz zur Staatsbahn zu beenden. Das Prinzip der Staatsbahnen setzte sich ein zweites Mal durch. Als Privatbahn bestand im Hauptteil Bayerns nur noch die Ludwigsbahn Nürnberg – Fürth.

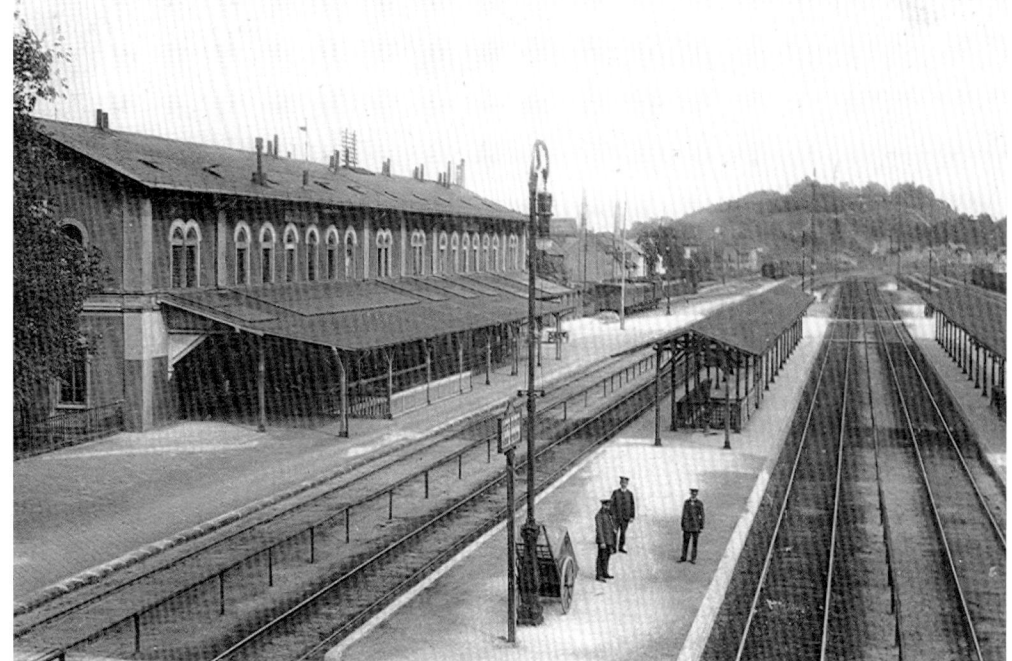

▲ Der Bahnhof Schwandorf mit Blick auf den Kreuzberg (1910). Um die Jahrhundertwende entstanden einige Eisenbahnerstädte, hier die der bayerischen Ostbahn.　　*Slg. Stadtarchiv Schwandorf*

Im Großen und Ganzen war, abgesehen von wenigen Sekundärbahnen, das Streckennetz der bayerischen Eisenbahnen 1885 vollendet. Eine bayerische Spezialität waren die Pachtbahnen. Das waren Zweigstrecken wie Pasing – Starnberg, Neuenmarkt – Bayreuth, Ansbach – Gunzenhausen, Holzkirchen – Miesbach, Hochstadt – Stockheim, Neu Ulm – Memmingen – Kempten, Oberkotzau – Eger und Starnberg – Penzberg – Peißenberg, für die Privatunternehmern der Bau und Betrieb genehmigt worden waren, die jedoch der Staat tatkräftig unterstützte, wenn er nicht sogar selbst baute. Die Staatsbahn verwaltete und betrieb die Pachtbahnen. Hatte sich das Anlagenkapital amortisiert, erhielt der Staat die Bahn, ohne dass er den Privatunternehmer entschädigen musste.

In der Rheinpfalz, dem anderen bayerischen Landesteil, blieb das Eisenbahnwesen seit 1837 den Privatgesellschaften, wenn auch vom Staat unterstützt, und zwar die:

○ Pfälzische Ludwigsbahn-Gesellschaft
○ Pfälzische Maximiliansbahn-Gesellschaft
○ Neustadt-Dürkheimer Eisenbahn-Gesellschaft und die
○ Gesellschaft der Pfälzischen Nordbahnen.

Mit der Pfälzischen Ludwigsbahn ist endlich auch der bedeutende Ingenieur und Verkehrsfachmann Paul Camille Denis (1795 – 1872) zu nennen, der Bauleiter der anderen Ludwigsbahn, Nürnberg – Fürth, war, die Strecke München – Augsburg entwarf, den Bau der Taunusbahn Frankfurt – Wiesbaden – Mainz und schließlich 1845 bis 1849 den Bau der Pfälzischen Ludwigsbahn leitete. 1860 wurde er Direktor der bayerischen Ostbahnen, ehe er 1866 in den Ruhestand ging. Den Lebensweg im Einzelnen und die Verdienste in der Pfalz beschreibt Heinz Sturm in seinem Buch »Die pfälzischen Eisenbahnen« [15].

Im Jahr 1868 verschmolz die Neustadt-Dürkheimer Eisenbahn mit den Nordbahnen, so dass

▲ Bayerische S 3/6 3655, künftig DR 18 466, in Erlangen. Die Maffei-Konstruktion war eine der gelungensten Schöpfungen des deutschen Lokomotivbaus und, wie Maedel schrieb, architektonisch, thermodynamisch und betrieblich eine der besten der Welt.

Slg. DB-Museum

die Pfalzbahnen nur noch aus drei Netzteilen bestanden. Die bayerische Regierung drängte darauf, ein einheitliches Netz herzustellen. Nach Verhandlungen der Pfalzbahndirektion in Ludwigshafen mit dem Handelsministerium in München, konnte am 29. April 1869 das Fusionsgesetz erlassen werden. Danach, vom 2. Januar 1870 an, hatten die Pfalzbahnen ein Streckennetz von 562,5 Kilometer Länge.

Nach diesem Fusionsgesetz konnte der bayerische Staat vom 1. Januar 1905 an die drei pfälzischen Bahngesellschaften erwerben. Die Verstaatlichung schien auch geraten, denn das kleine Privatbahnnetz lag isoliert zwischen überlegenen Staatsbahnnetzen. Dass sich der Vorgang eine Weile hinzog, lag an den Zweifeln, wie die Aktionäre zu vergüten wären und für welche Ansprüche der bayerische Staat einzutreten habe, zum Beispiel für die Pensions-, Unterstützungs- und Lebensversicherungskasse der Eisenbahner. Der Staat kaufte für rund 300 Millionen Mark die Pfalzbahn am 1. Januar 1909, das damals größte deutsche Privatbahnnetz. Diese bayerischen Strecken lagen weiterhin fern des Hauptnetzes. Die Erinnerung an diese merkwürdige Situation verblasste, nachdem am 1. April 1937 die Reichsbahndirektion Ludwigshafen aufgelöst worden war.

Herzogtum Braunschweig

Bereits 1824 lag das Projekt einer Eisenbahn von Braunschweig über Hannover nach Bremen und Hamburg vor. Dazu kam es erst einmal nicht, aber der Erlass vom 4. Mai 1835 sah die Enteignung des Bodens für die Eisenbahntrassen vor. Nach zwei Jahren der Erörterungen entschied die großherzogliche Regierung als erste unter den deutschen Ländern, eine Eisenbahn auf Staatskosten zu bauen. Das war die Strecke Braunschweig – Harzburg, die mit

▲ Ein Einzelgänger blieb die 1896 von Krauss gebaute Lokomotive AAI Nummer 1400 der Königlich Bayerischen Staatseisenbahnen, sie wurde auch später umgebaut.

dem Abschnitt Braunschweig – Wolfenbüttel am 1. Dezember 1838 in Betrieb ging.

Nachdem Preußen 1866 das Königreich Hannover als Folge des Krieges mit Österreich annektiert – die Welfen hatten an der Seite der Habsburger gestanden – und den Norddeutschen Bund gebildet hatte, wollte Braunschweig mit seiner Staatseisenbahn nicht mehr eine von Preußen umschlossene Insel sein. Am 8. März 1870 verkaufte das Großherzogtum seine Eisenbahn der Bank für Handel und Industrie in Darmstadt, die dafür am 25. Oktober 1870 eine Aktiengesellschaft, die Braunschweigische Eisenbahngesellschaft, gründete. In der ging die einstige Staatsbahn auf.

Das dichte Eisenbahnnetz lag hauptsächlich im nördlichen Landesteil, im südlichen Teil veranlasste die braunschweigische Regierung die Halberstadt-Blankenburger Eisenbahn-Gesellschaft, ihre Stammstrecke Halberstadt – Blankenburg in den Harz hinein bis Tanne auszudehnen.

Nachdem der preußische Staat 1879 die Berlin-Potsdam-Magdeburger Eisenbahn-Gesellschaft und 1882 die Bergisch-Märkische Eisenbahn-Gesellschaft gekauft hatte, kam er in den Besitz des gesamten Aktienkapitals der Braunschweigischen Eisenbahngesellschaft und erhielt nun das, was ihm das Großherzogtum nicht hatte überlassen wollen. Ihm blieb nur noch übrig, die Braunschweigische Eisenbahngesellschaft aufzulösen und das Inventar zum 1. Januar 1884 dem preußischen Staat zu verkaufen. Unter der preußischen Staatsbahnverwaltung wurden noch rund 123 Kilometer Strecken in Betrieb genommen.

1885 wurde die Braunschweigische Landeseisenbahngesellschaft gegründet, die mit der Staatseisenbahn nicht verwechselt werden sollte. Diese baute und betrieb die Strecke Braunschweig – Derneburg – Seesen mit der Zweigstrecke nach Wolfenbüttel seit 1886 bzw. 1889. Weitere Privatbahnen, wie die Peine-Ilse-

▲ Landau im westlichen Netz der bayerischen Eisenbahn (um 1870). Wegen des Schussfeldes der Festung und schnellen Abbaus durfte das Bahnhofsgebäude nur aus Holz bestehen. *Slg. Stadtarchiv Landau*

der Eisenbahn kamen hinzu. Die Dichte des braunschweigischen Eisenbahnnetzes lag etwa 50 Prozent über der durchschnittlichen Dichte im gesamten Deutschen Reich.

Reichsland Elsaß-Lothringen

Durch den Preußisch- bzw. Deutsch-Französischen Krieg 1870/1871 kam Elsaß-Lothringen entsprechend den Zusatzartikeln zum Frankfurter Friedensvertrag vom 10. und 20. Mai 1871 mit den Anlagen der französischen Ostbahn zum Deutschen Reich. Die deutsche Regierung bezahlte dem französischen Staat dafür 325 Millionen Francs, was damals 260 Millionen Mark entsprach, aber mit der Kriegsentschädigung verrechnet wurde.

Das Streckennetz war gut ausgebaut. Der Verkehr wurde nach dem Kriege am 1. August 1871 wieder aufgenommen. Das Kaiserreich setzte in Straßburg (Strasbourg) eine Generaldirektion ein, die Anschlussstrecken zum »Altreich« bauen ließ.

Zum Ende des Ersten Weltkriegs kam das elsaß-lothringische Eisenbahnnetz wieder zu Frankreich und wurde infolge des Zweiten Weltkrieges von 1939 bis 1945 abermals deutsch.

Königreich Hannover

Die ersten Strecken im Königreich führten von Hannover nach Braunschweig mit einer Anbindung nach Hildesheim, von Hannover nach Harburg, Minden und Bremen – alle auf Staatskosten gebaut und im Staatsbetrieb. Der Sitz der Eisenbahndirektion war seit dem 13. März 1843 in Hannover.

Das letzte Bahnprojekt des Königreichs war die am 23. März 1866 eröffnete und bereits am 16. Februar der Braunschweigischen Eisenbahn-

▲ MATHILDE von der Hessischen Ludwigsbahn war zum Aufnahmezeitpunkt 1890 nicht mehr im Originalzustand.

Gesellschaft verpachtete Strecke Vienenburg – Goslar. Die Existenz der Staatsbahn mit ihrem 801 Kilometer langen Gleisnetz endete, als das Königreich – in der Schlacht bei Langensalza am 29. Juni 1866 geschlagen – als Verbündeter Österreichs im preußisch-österreichischem Krieg dem Königreich Preußen einverleibt wurde. Aus der Staatsbahn wurde der Bezirk der Eisenbahndirektion Hannover der Königlich Preußischen Staatseisenbahnen.

Großherzogtum Hessen

Private förderten die Eisenbahnprojekte Mainz – Darmstadt – Mannheim und Mainz – Frankfurt am Main, verzagten dann jedoch bei deren Verwirklichung. Deshalb erließ die hessische Regierung am 16. Juli 1842 ein Gesetz, nach dem die Hauptstrecken auf Staatskosten gebaut und betrieben werden sollten, privat nur die Lokalbahnen.

Auch das Großherzogtum Baden war an der Verbindung mit Frankfurt am Main interessiert. Beide Regierungen einigten sich nicht auf die Route über Mannheim, sondern entschieden sich für den Weg über Heidelberg, so dass die erste hessische Eisenbahnlinie durch die Provinz Starkenburg gelegt wurde und damit auch Darmstadt einbezog. Hinzu kamen die Strecken Sachsenhausen – Offenbach und vom Kurfürstentum Hessen die Main-Weser-Bahn Cassel – Frankfurt am Main. Diese Strecken nahmen zwischen 1850 und 1852 den Betrieb auf.

Der Bau weiterer Strecken nahm ungeahnte Ausmaße an, dem die hessische Regierung finanziell nicht gewachsen war und ihn der Privatindustrie überließ. Indem die Regierung Aktien kaufte, beeinflusste sie die Entwicklung unter volkswirtschaftlichen Gesichtspunkten. Deshalb entstanden auch weniger ertragreiche Strecken insbesondere im Süden des Großherzogtums.

Wie in Sachsen kann man in Hessen drei Perioden der Eisenbahnentwicklung feststellen: das Staatsbahnprinzip, das gemischte Prinzip von 1845 an und die Zeit der Nebenbahnen seit 1884.

Bis zur Annexion durch Preußen 1866 bestand das Kurfürstentum Hessen-Cassel als selbstständiger Staat. Die Residenzstadt sollte der Mittelpunkt eines europäischen Eisenbahnnetzes werden, von der die Kurfürst-Friedrich-Wilhelms-Nordbahn nach Bebra und die Frankfurt-Hanauer Eisenbahn als Aktiengesellschaften entstanden, eröffnet am 29. August bzw. 10. September 1848. Letztere ist am 22. Juni 1854 bis Aschaffenburg verlängert worden und wurde dadurch zur wichtigsten Verbindung zwischen der Handelsstadt Frankfurt und Bayern.

Die Stadt Kassel wurde zum Mittelpunkt des Durchgangsverkehrs, nachdem die Strecke nach Harburg vollendet worden war. Der Bau der Bebra-Hanauer Eisenbahn kam 1866 unter der kurfürstlichen Herrschaft nur zwischen Bebra und Hersfeld zustande, der Abschnitt bis Hanau wurde von der preußischen Verwaltung am 1. Oktober 1866 eröffnet.

Die Eisenbahnen in den Exklaven Rinteln und Schmalkalden vernachlässigend, kann man resümieren, dass das Kurfürstentum Hessen-Kassel, als es an das Königreich Preußen fiel, 151 Kilometer Staatsbahn- und 164 Kilometer Privatbahnstrecken besaß.

Großherzogtum Mecklenburg-Schwerin

Die Regierungen in Schwerin und Hannover vereinbarten bereits 1836, eine Strecke von Hannover in die Hansestadt Wismar zu bauen. Das Projekt ist nie ausgeführt worden. Die erste Bahnlinie im Großherzogtum war die Berlin-Hamburger Eisenbahn, die am 1846 eröffnet wurde und nun den Bau weiterer Eisenbahnen im Lande anregte. Besonders die Hafenstädte Wismar und Rostock wollten einen

▲ Friedrich Harkort (1793–1880) machte sich um das Eisenbahnwesen im Westen Deutschlands verdient.

Schienenweg zur Berlin-Hamburger Eisenbahn, selbstverständlich musste dabei die Residenz in Schwerin einbezogen werden. Auch die Stadt Güstrow verlangte nach einem Eisenbahnanschluss.

Daraufhin zog sich der Landesherr von dem Projekt Hagenow – Schwerin zurück und überließ dessen Verwirklichung privater Initiative. Drei Aktiengesellschaften bildeten sich, verschmolzen und bildeten die Mecklenburgische Eisenbahn-Gesellschaft. Nach Fertigstellung der Strecken ruhte zunächst der Bau weiterer Strecken. Als der Landtag die Beihilfe für eine Querverbindung von Güstrow zum Großherzogtum Mecklenburg-Strelitz als Kern einer Eisenbahn Hamburg – Stettin abgelehnt hatte, stellte der Großherzog Geld für dieses Projekt zur Verfügung, indem er seine Hausgüter belieh, und diese Strecke bauen ließ. Sie wurde als Großherzogliche Friedrich-Franz Eisenbahn am 1. Januar 1867 von Güstrow bis Neubrandenburg eröffnet. Die Direktion nahm ihren Sitz in Malchin.

▲ Einen beschaulichen Eindruck vermittelt diese Aufnahme vom 1886 fertiggestellten ersten Bahnhofsgebäude in Rüsselsheim (um 1900).

Slg. Stadtarchiv Rüsselsheim

▲ Die Eisenbahn veränderte die Landschaft und die Welt, wie man es dieser weiträumigen Anlage der Hauptwerkstätte Conz-Karthaus ansieht.

Genauso finanzierte der Großherzog die Verbindung von Wismar über Kleinen nach Lübeck, als eine ursprünglich für diesen Zweck gebildete Aktiengesellschaft aufgab. Mecklenburgs Eisenbahnnetz befand sich im Osten und Westen im Besitz des Landesherrn, in der Mitte in Privathänden. 1870 wurde es mit Ausnahme des durch Mecklenburg führenden Abschnitts der Berlin-Hamburger Eisenbahn verstaatlicht, erhielt die bereits genannte Bezeichnung Groß-

Slg. Hörnemann

Bankinstituten verkauft, das die Dividenden einstrich und sich Landesbeihilfen gewähren ließ; ansonsten aber die Konkurrenz anderer Eisenbahnen abwehrte.

Der Regierung blieb nichts weiter übrig, als mit Landesbeihilfen wenigstens Neben- und Sekundärbahnen zu fördern, die normalspurig entstanden:

1880 Parchim – Ludwigslust,
1883 Wismar – Rostock,
1884 Gnoien – Teterow,
1885 Parchim – Neubrandenburg (Mecklenburgische Südbahn),
1887 Güstrow – Plau,
1887 Wismar – Karow.

Als neue Hauptbahn entstand lediglich 1886 die Strecke Warnemünde – Neustrelitz, die dem Deutsch-Nordischen Lloyd gehörte, und im selben Jahr die Schmalspurbahn (900 mm) Doberan – Heiligendamm des Eisenbahnbauunternehmers Friedrich Lenz (1846 – 1930) in Stettin.

Acht verschiedene Gesellschaften hatten 480 Kilometer Strecken gebaut, dabei aber keineswegs die Gesamtentwicklung des Landes im Auge. Sie betrachteten vielmehr die Eisenbahn als eine Anstalt des Ertrags. Die Zustände wurden derart unzuträglich, dass die Neustrelitz-Wesenberg-Mirower und die Blankensee-Woldegk-Strasburger Eisenbahngesellschaften 1894 zur Mecklenburgisch-Friedrich-Wilhelm-Eisenbahn fusionierten.

Fünf Perioden kennzeichnen die Entwicklung der Eisenbahnen in Mecklenburg:

o Privatbahnsystem bis 1862,
o teils Staats-, teils Privatbahnen bis 1870,
o Staatsbahnen bis 1873,
o ausschließlich Privat- und Sekundärbahnen bis 1890
o Staatsbahn bis 1920.

herzogliche Friedrich-Franz Eisenbahn für alle Strecken und den Direktionssitz in Schwerin. Binnen drei Jahren stellte sich heraus, dass zum Betrieb der Eisenbahn das Geld fehlte. Sie wurde am 30. April 1873 an ein Konsortium von

Großherzogtum Oldenburg

Dass zwischen den ersten Eisenbahnprojekten und deren Bau 20 Jahre vergingen, daran hat-

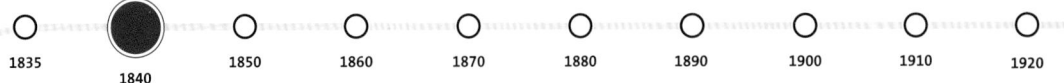
ten die Nachbarn des Großherzogtums Schuld, die von der Landwirtschaft geprägte Wirtschaft, die guten Straßen und die Weserschifffahrt. Zwar wollte man bei der Entwicklung des neuen Verkehrsmittels mithalten, aber die Staatsbeamten verhielten sich unentschlossen über das Wie: Staats- oder Privateisenbahn?

1853 beabsichtigte Preußen, im zu Oldenburg gehörenden Jadebusen einen Hafen für die Kriegsmarine zu schaffen. Oldenburg trat dafür das Land ab und genehmigte eine Eisenbahn vom Marinehafen bei Heppens, dem späteren Wilhelmshaven, und weiter über Varel und Oldenburg bis zur Köln-Mindener Eisenbahn, an der die Festung Minden lag. Schwierig waren die Verhandlungen mit dem Königreich Hannover wegen des südlichen Abschnitts dieser Verbindung, die letztlich scheiterten.

Nicht anders erging es einer holländisch-englischen Gesellschaft, die sich um die Strecke Leer – Oldenburg – Bremen bemühte, dazu aber ebenfalls die Genehmigung aus Hannover benötigte. Dort wollte man zwar diese Strecke jedoch selbst bauen und betreiben und auch gegen jede andere Querverbindung ein Veto einlegen können. Darauf konnte das Großherzogtum nicht eingehen. Deshalb beabsichtigte das Großherzogtum, wenigstens die Strecke Oldenburg – Bremen auf eigene Kosten zu bauen.

Die Eisenbahnangelegenheit nahm eine andere Wende, seitdem König Wilhelm I. und Reichskanzler Otto von Bismarck regierten. Am 16. Februar 1864 schlossen sie mit Oldenburg den Vertrag über die Kriegshafenbahn, Preußen baute von Heppens bis Oldenburg, das Großherzogtum bis Bremen. Es teilte die Eisenbahnangelegenheit dem Innenministerium zu, das dafür eine Eisenbahnkommission als Behörde bildete. Seit 31. Mai 1867 bestand die Eisenbahndirektion Oldenburg.

Am 3. September 1867 begann der Betrieb der oldenburgischen Staatseisenbahnen zwischen Oldenburg und Wilhelmshaven. Dessen finanzieller Erfolg förderte dann auch den Bau der Hauptbahnen Bremen – Oldenburg – Leer – hol-

ländische Grenze, Hude – Nordenham, Oldenburg – Quakenbrück – Osnabrück. Nachdem 1866 das Königreich Hannover zu einer preußischen Provinz geworden war, endeten auch die anderen Hemmnisse im südlichen Landesteil, doch Preußen interessierte sich nicht mehr für die Verbindung von Wilhelmshaven zur Festung Minden.

Erwähnt werden muss noch, dass durch das zum Großherzogtum gehörende Fürstentum Birkenfeld 33 Kilometer der 1860 eröffneten preußischen Rhein-Nahe-Bahn führte und die Stadt Birkenfeld 1880 an diese Bahnlinie eine normalspurige Sekundärbahn anschloss. Im Fürstentum Lübeck betrieb die Altona-Kieler Eisenbahngesellschaft seit 1866 die 20 Kilometer der Strecke Neumünster – Eutin und seit 1873 die private Eutin-Lübecker Eisenbahn 34 Kilometer Strecke.

Königreich Preußen

Die Größenverhältnisse (Fläche, Einwohner, Eisenbahnnetz – siehe Tabelle auf Seite 43) lassen den Schluss zu, dass Preußen mit seinen Eisenbahnen die anderen deutschen Länder dominierte. Indes war die durchschnittliche Durchsetzung der Provinzen mit Strecken nicht einmal sehr hoch, Preußen also kein ausgesprochenes Eisenbahnland.

Der Ursprung geht auf die Probebahn im Museumsgarten zu Elberfeld zurück, wo sich 1826 eine Gesellschaft bildete, die eine Eisenbahn aus dem Ruhrkohlenbezirk in das Tal der Wupper, in die Städte Elberfeld und Barmen herstellen wollte. Sie wurden nicht ausgeführt, ebenso wenig die Verbindung zwischen Weser und Rhein, für die die Regierung Studien und Vorarbeiten bestellte. Das Privatkapital schreckte vor den gewaltigen Investitionen zurück.

Noch sondierte man unentschlossen, und insbesondere die Handelskammern von Elberfeld und Düsseldorf waren mit einem Komitee an einer Eisenbahn zwischen ihren Städten interessiert. In der Residenz war ein Komitee für

den Bau der Eisenbahn Berlin – Potsdam gebildet worden. Beide Komitees erhielten am
28. September 1837 die königliche Genehmigung zum Bau der Bahn. Die von Zehlendorf
nach Potsdam konnte wegen des günstigen
Geländes am schnellsten angelegt werden.
Sie wurde am 22. September 1838 eröffnet.
Nach dem Gesetz über die Eisenbahnunter-
nehmungen vom 3. November 1838 sollte für
die preußischen Eisenbahnen das Handelsministerium zuständig sein, das es jedoch nicht
gab. Deshalb wurde vorübergehend im Finanzministerium eine Abteilung für die Angelegenheiten der Eisenbahnen gebildet, bis diese Aufgaben 1848 im neuen Handelsministerium die
Abteilung für öffentliche Arbeiten übernahm.
Zu dem Eisenbahngesetz schrieb Arthur von
Mayer in seinem bereits 1891 veröffentlichten
Buch »Geschichte und Geographie der Deutschen Eisenbahnen«: »Das Eisenbahngesetz
von 1838 ist ein Stolz der preußischen Gesetz-
gebung. Verfasst und erlassen zu der Zeit, als
das Eisenbahnwesen überall noch in Windeln
lag, hat es nicht allein der ersten Gestaltung
desselben genügt, sondern in seinen Grundzü-
gen auch die weitere großartige Entwickelung
und mehrfache Umwälzung überdauert. Bezüglich des Betriebes und Verkehrs hatten sich
die Autoren des Gesetzes die Sache allerdings
anders gedacht, als sich dieselbe in Wirklichkeit
bisher entwickelt hat. In den Paragraphen 27
bis incl. 31 ist nämlich von der Zulassung auch
Anderer außer dem eigentlichen Betriebsführer
zum Transportbetrieb auf der Bahn gesprochen,
man dachte also an die Wahrscheinlichkeit
oder wenigstens an die Möglichkeit, dass die
einzelnen Linien von verschiedenen Interessen-
ten unter Verwendung stets eigener besonde-
rer Betriebsmittel benutzt werden könnten.
In Wirklichkeit ist, wie bekannt, dieser Fall in
größerem Umfange nicht eingetreten und lässt
sich bei der bisherigen und gegenwärtigen
Gestaltung des Eisenbahnbetriebes auch gar
nicht denken. Der hier und da vorkommende
Mitbetrieb auf einzelnen kurzen Theilstrecken
seitens einer zweiten Bahnverwaltung dürfte

▲ Albert von Maybach setzte sich vehement für die Verstaatlichung und die Verreichlichung der deutschen Eisenbahnen
ein.

zu dem, was den Gesetzgebern vorgeschwebt,
nicht zu rechnen sein, ist auch nicht nach den
angeführten Paragraphen, sondern in freien
Verträgen geregelt worden.« [2, S. 108]
In Preußen zeichneten sich fünf Perioden des
Eisenbahnwesens ab:

○ bis 1842 allein Privateisenbahnen, einzelne
  Strecken, meistens nur aus lokalem Interes-
  se und ohne staatliche Unterstützung wie
  Berlin-Potsdamer, Düsseldorf-Elberfelder,
  Magdeburg-Leipziger, Rheinische, Berlin-
  Anhaltische, Berlin-Stettiner und die Mag-
  deburg-Halberstädter Eisenbahn.

○ von 1843 bis 1847 Privatbahnen unter staatlicher Verwaltung, nachdem die Seehand-
  lung (die Staatsbank) die Gewährung von
  Darlehn davon abhängig machte, dass ihr
  die Betriebsmittel verpfändet werden und
  dass die Verwaltung an den Staat übergehen
  müsse. Das betraf die Niederschlesisch-Märkische und die Aachen-Düsseldorf-Ruhrorter
  Eisenbahn.

○ von 1848 bis 1862 das Staatsbahnsystem, zu dem es wegen der Bekämpfung der Arbeitslosigkeit in drei entfernten Gebieten kam. Gebaut wurden die Saarbrücker Bahn, die preußische Ostbahn und die Strecke Lippstadt – Hamm. Der Bau der 1847 angeordneten nur 32 Kilometer langen Saarbrücker Bahn bildete den Grundstein des größten Staatsbahnnetzes der Erde in der Zeit bis 1914.

Mit dem Umschwung von dem einseitigen Privatbahnsystem ist der Name August von der Heydt (1801 – 1874) verbunden. Ehe er 1848 Königlich preußischer Staatsminister und Minister für Handel, Gewerbe und öffentliche Arbeiten wurde, war er Teilhaber des väterlichen Bankgeschäfts in Elberfeld und Präses des Verwaltungsrates der Bergisch-Märkischen Eisenbahn.

Unter seiner Leitung wurden notleidende Eisenbahnen wie 1852 die Niederschlesisch-Märkische Eisenbahn gekauft. Aus gleichem Grunde übernahm der Staat die Verwaltung und den Betrieb verschiedener Privateisenbahnen, so 1850 der Bergisch-Märkischen, 1851 der Stargard-Posener, 1857 der Oberschlesischen Eisenbahn. Ferner vollendete er auf Rechnung der Privatgesellschaften einige Bahnen: die Aachen-Düsseldorfer, Ruhrort-Crefeld-Kreis Gladbacher, Köln-Crefelder und die Rhein-Nahe-Bahn. Ohne Staat ging es eben nicht. Diese Politik wurde bis 1859 fortgeführt.

Nachfolger von der Heydts wurde 1862 Graf Heinrich Friedrich von Itzenplitz (1799 – 1883), der danach trachtete, möglichst viele Bahnen zu erhalten, egal in welchem Eigentumsverhältnis. Nun konnten Private wieder bauen, und Preußen hatte ein Nebeneinander von Staats- und Privateisenbahnen. Dass der Staatsbahnanteil überwog, war dem Gebietszuwachs von 1866 (der Elbherzogtümer, von Hannover, Hessen, Cassel, Nassau, Hessen-Homburg und dem Gebiet der Freien Stadt Frankfurt am Main) zu verdanken.

Die Privatwirtschaft war nicht immer zum Vorteil der Kunden. Das wurde in der Epoche von 1863 bis 1877 mit den zahlreichen und starken Privateisenbahnen deutlich. 1875 galten außerhalb Bayerns 1375 verschiedene Tarife. Eine derartige Vielfalt belastete Industrie und Wirtschaft. Die Fahrpreise und die Frachtkosten schnellten in die Höhe, und es fehlte stets an Güterwagen. Als sich das wirtschaftliche Wachstum verlangsamte und in eine Depression hinüberglitt, gerieten einige Bahnen in eine Schieflage. Langsam änderte sich die Meinung hin zur Verstaatlichung des Eisenbahnwesens. Dieser Vorgang beschleunigte sich, als die Depression der späten siebziger Jahre sogar das weitere Bestehen einiger Eisenbahngesellschaften gefährdete.

Zur Darstellung der preußischen Eisenbahngeschichte in dieser Periode gehört auch der Hinweis auf den von seinen Zeitgenossen zeitweilig als »Eisenbahnkönig« bezeichneten Bethel Henry Strousberg (1823 – 1884).

Als Kenner der englischen Eisenbahnentwicklung und der Londoner Börse, außerdem mit guten Kontakten zur preußischen Regierung ausgestattet, entschloss er sich in den sechziger Jahren zum Eisenbahnbau im großen Stil. Seine neuartige Finanzierungsmethode, mit der er die Leistungen der Bauunternehmer nicht in Geld, sondern in Aktien der neu gegründeten Eisenbahngesellschaft entgalt, erlaubte es ihm, in guten Zeiten schnell Eisenbahnstrecken zu bauen. Denn er musste dazu nur einen Bruchteil der tatsächlich benötigten Summen aufbringen. Die Aktien wurden unter dem eigentlichen Nennwert abgegeben, so dass sie nicht den tatsächlichen Baukosten entsprachen. Das System funktionierte anfangs recht gut. Als aber Strousberg beim Bau der rumänischen Eisenbahn 1868 an technischen und finanziellen Schwierigkeiten scheiterte, wurde auch in Preußen sein Finanzsystem skeptisch betrachtet. Seine Unternehmen waren bankrott, nachdem er in Russland wegen Finanzvergehen angeklagt wurde. Der Staat musste die Bauruinen übernehmen.

Strousberg rutschte in Berlin in bescheidene wirtschaftliche Verhältnisse. Nach den Untersuchungen des »Systems Strousberg« wussten plötzlich alle, dass die Behörden bei der Konzessionserteilung schlampig geprüft hatten.

1873 trat Handelsministern Graf Itzenplitz ab. Als neuer Minister geriet Heinrich von Achenbach (1829 – 1899) von 1873 bis 1878 in eine Zeit des Finanzkrachs und der Unwirtschaftlichkeit vieler, auch angesehener Eisenbahnen, die nur durch die Verstaatlichung zu retten waren.

Diese Periode der Verstaatlichung in Preußen wird dem Minister Albert von Maybach (1822 – 1904) zugerechnet. Als er am 7. August 1878 antrat, war die Abteilung für öffentliche Arbeiten im Handelsministerium abgetrennt worden und daraus ein selbstständiges Ministerium entstanden. Der Staat kaufte sämtliche größeren Privatbahnen und begründete mit den Kleinbahnen ein engmaschiges Netz von Eisenbahnen. Maybachs Ministerium war nicht auf die bloße Rentabilität der einzelnen Strecken bedacht, sondern auf ihren volkswirtschaftlichen Nutzen. Dadurch erhielten auch arme Landstriche Schienenwege. Daneben ließ das Ministerium die Privatwirtschaft gewähren und unterstützte sie finanziell, so dass im Eisenbahnwesen zahlreiche kleine Privatunternehmen, wie die Kiel-Eckernförde-Flensburger Eisenbahn, die Stargard-Küstriner Eisenbahn (beide mit staatlicher Beteiligung), die Altona-Kaltenkirchener Eisenbahn, aber auch kommunale Unternehmen wie die Wittenberge-Perleberger Eisenbahn entstanden.

Die letzte preußische Eisenbahnperiode wird eigens im 3. Abschnitt behandelt.

Königreich Sachsen

Das industriereiche Sachsen besaß im Deutschen Reich das dichteste Eisenbahnnetz. In geschichtlicher Hinsicht ist es, wie in Preußen, durch mehrere Perioden gekennzeichnet. Zuerst ist jedoch die auf Initiative des Patrioten und Volkswirtschaftlers Friedrich List (1789 – 1846) entstandene Leipzig-Dresdner Eisenbahn-Compagnie zu verweisen, die zwischen dem 24. April 1837 und dem 7. April 1839 von Leipzig nach Dresden die erste größere Lokomotiveisenbahn Deutschlands eröffnete und zum bahnbrechenden Eisenbahnunternehmen wurde.

Die sächsische Regierung war auf den Durchfuhrverkehr bedacht und plante Eisenbahnverbindungen nach Schlesien, Böhmen und Bayern; der Landtag beschäftigte sich in seiner Sitzungsperiode 1839/1840 mit dem Programm eines sächsischen Eisenbahnnetzes. Privatkapital ermöglichte bereits 1837, den Bau der Sächsisch-Bayerischen Eisenbahn Leipzig – Altenburg – Hof zu beginnen. Auch die Sächsisch-Schlesische Eisenbahn Dresden – Bautzen und weiter zur preußischen Grenze bei Reichenbach sowie von Riesa zur preußischen Grenze bei Nieska nahm Gestalt an. 1840 war auch die Verbindung Magdeburg – Köthen – Halle – Leipzig eröffnet worden.

Bald folgten die Genehmigungen und Streckeneröffnungen Schlag auf Schlag, wobei der Staat nur Eisenbahnunternehmer werden wollte, wenn sich kein leistungsfähiger Privatunternehmer fand. So entstand von 1843 an ein Privatbahnsystem mit staatlicher Beteiligung und dabei der Rumpf des sächsischen Eisenbahnnetzes.

Die meisten der Eisenbahngesellschaften gerieten nach einigen Jahren in eine wirtschaftliche Notlage und beantragten ihre Verstaatlichung, bereits am 1. April 1847 die Sächsisch-Bayerische Eisenbahn, deren Strecke Leipzig – Hof mit dem Göltzschtalviadukt zwischen Reichenbach und Plauen vollendet werden musste. Gleichfalls die am 31. Dezember 1850 verstaatlichte Niedererzgebirgische Eisenbahn Chemnitz – Riesa. Die Sächsisch-Böhmische Linie Dresden – Bodenbach hatte der Staat von Anfang an in seine Hände genommen. Übrig blieb von den Privaten nur die Leipzig-Dresdner Eisenbahn-Compagnie.

Die Periode von 1854 an kann man dem Ausbau des Eisenbahnnetzes in einem staatlich und privat gemischten System zuschreiben, denn außer der Leipzig-Dresdner Eisenbahn-Compagnie beteiligten sich neue Aktiengesellschaften am Ausbau des sächsischen Eisenbahnnetzes,

31

▲ Die Berliner Firma Borsig lieferte 1875 die Lokomotive ROSITZ aus, die für die Strecke Altenburg – Zeitz bestimmt war und in die sächsische Gattung II eingereiht wurde.

wie die Albertsbahn mit ihrer Strecke Dresden – Tharandt, die Zittau-Reichenberger, die Chemnitz-Würschnitzer Eisenbahn, die Oberhohndorf-Reinsdorfer, die Bockwaer Kohlenbahn, die Großenhainer Zweigbahn von Priestewitz nach Großenhain, die Greiz-Brunner Eisenbahn und im Eigentum der Stadt Borna die Kieritzsch-Bornaer Eisenbahn.

Der Staat hatte sich vorbehalten, diese Bahnen nach einem bestimmten Zeitraum zu kaufen, wovon er auch Gebrauch machte, wenn er mit ihrer Hilfe durchgehende Linie schaffen wollte wie bei der Albertsbahn als den Beginn der Strecke Dresden – Chemnitz (– Werdau).

Die sogenannten Gründerjahre nach dem Preußisch-Französischen Krieg von 1870/1871 und der Reichsgründung 1871 bewirkten ein Eisenbahnfieber nach dem Muster des Bethel Henry Strousberg, so dass auch in Sachsen Unternehmen entstanden, wie die Kommanditgesellschaft Plessner & Co, mit geringem Ertrag, die Anlagen aber teuer. Dazu gehörten

die Strecken: Annaberg – Weipert, Chemnitz – Commotau, Glauchau – Wurzen, Mehltheuer – Weida, Hainichen – Rosswein, Chemnitz – Aue – Adorf (Vogtl), Leipzig – Gaschwitz – Meuselwitz, Zwickau – Lengenfeld – Falkenstein.

Der bald folgende wirtschaftliche Rückschlag führte zu Bauruinen oder Konkursverfahren. Der Staat musste, wie früher schon, den Bahngesellschaften aus der Gründerperiode helfen. »Stände und Regierung [mussten] erst recht Herz und Säckel offen halten, um diese Kinder finanziellen Uebermuths nicht ganz verkommen zu lassen, um Schienen, Schwellen und Wagen vor dem Schicksal des Alteisens und Brennholzes, um Tunnel und Viaducte den Alterthumsfanatikern kommender Geschlechter gegenüber vor Verwechselung mit Restern von Hünengräbern und dergleichen zu bewahren, und um das Heer von Beamten und Arbeitern vor Noth und Elend zu schützen«, beschrieb Arthur von Mayer bereits 1891 sarkastisch die Situation. [2, S. 144]

Die Regierung musste zum zweiten Male Eisenbahnen umfassend verstaatlichen, »selbst die alte, ehrwürdige Leipzig-Dresdener Eisenbahn« mit ihren Zweigstrecken im Jahr 1876. Abgesehen vom Sonderfall der Berlin-Dresdner Eisenbahn, deren Abschnitt Dresden – Elsterwerda 1888 sächsisch geworden war, blieben lediglich die Zittau-Reichenberger Eisenbahn, die Oberhohndorf-Reinsdorfer (bei beiden Betriebsführung durch die Königlich Sächsischen Staatseisenbahnen) und die Boackwaer Kohlenbahn im Eigentum der Gesellschaften. Bis 1889 gehörten alle anderen Bahnen den Staatseisenbahnen. Lediglich der 1889 gebildeten Zittau-Oybin-Jonsdorfer Eisenbahngesellschaft wurde die schmalspurige Ausführung genehmigt.

In Sachsen war für die Eisenbahnen zunächst das Innenministerium und seit dem Jahr 1845 das Finanzministerium zuständig. Für die öffentlichen Arbeiten und Verkehrsanstalten wurde eine III. Abteilung eingerichtet. Den Eisenbahnbetrieb leitete die in Dresden ansässige Generaldirektion.

Königreich Württemberg

In dem hügeligen, rohstoffarmen und ziemlich dünn besiedelten Land war das Verkehrsaufkommen durch den Handel am Anfang des 19. Jahrhunderts recht gering. Das Eisenbahnnetz musste von der Residenz in Stuttgart ausgehen, führte aber durch ländlich geprägte Gegenden, denen die großen, zentralen Orte fehlten. Daher war das Interesse am Eisenbahnbau zunächst gering. Erst als 1835 die erste deutsche Eisenbahnlinie von Nürnberg nach

Was sonst noch geschah:	
3. November 1838	Inkrafttreten des Eisenbahngesetzes in Preußen
18. April 1843	Erlass eines allgemeinen Eisenbahngesetzes in Württemberg
1845	In Bayern werden Baunormen für die ersten Staatsbahnen veröffentlicht, und am 15. April wird in München eine Generalverwaltung der königlichen Eisenbahnen eingesetzt.
10. November 1846	Zehn preußische Privatbahngesellschaften treten zusammen und schließen einen dauernden Verband zur Förderung der Einmütigkeit und gemeinsamer Interessen – Anfänge des Vereins Deutscher Eisenbahnverwaltungen.
1846	In Dresden wird zum ersten Mal über abfallenden Gleisen, also im Gefälle, rangiert.
1850	Erste Versammlung deutscher Eisenbahntechniker in Berlin
15. Juli 1851	Das oder der Göltzschtalviadukt zwischen Reichenbach und Plauen ist fertiggestellt. Das Ziegelbauwerk von 80 Meter Höhe und über 500 Meter Länge gilt von Anfang als Meisterwerk deutscher Ingenieurbaukunst

Die Betriebslänge in Kilometer der Eisenbahnstrecken im Deutschen Reich, außer Österreich

Jahr	Länge	Staatsbahnen	Privatbahnen unter Staatsverwaltung	Privatbahnen in eigener Verwaltung
1835	6			6
1840	500			
1845	2152	583	–	1567
1850	5875	2092	501	3281
1855	7.855	4024	565	3265
1860	11.175	5229	1366	4579

Die Testfahrt

Diesem Abschnitt sei eine Episode angefügt, auf die Horst Weigelt in seinem Buch »Bayerische Eisenbahnen: vom Saumpfad zum Intercity« [14, S. 190 ff.] aufmerksam machte, nämlich die Vereinheitlichung der Anlagen und Fahrzeuge, damit der Austausch über Landesgrenzen ohne umzusteigen oder umzuladen möglich ist. König Max von Bayern wünschte am 30. November 1851 vom Staatsminister Dr. von der Pfordten zu wissen, »ob die Spurweite sämtlicher Eisenbahnen in Deutschland gleich sey, sodaß ich Meinen eigenen Wagen auch bei Fahrten über Bayern hinaus benutzen kann oder – wenn dieß nicht der Fall sein sollte – ob nicht etwa Mein Wagen so eingerichtet werden kann, daß er auf verschiedenen Gleisen brauchbar wäre.« Damit kam ein Stein ins Rollen.

Am 7. Dezember erfuhr der König, dass das zum Beispiel nicht möglich sei, weil beispielsweise Baden die Spurweite von 1,6 Meter gewählt habe. Auf anderen Bahnen säßen die Puffer höher und weiter auseinander oder enger als die der bayerischen. Die Württemberger Wagen besäßen gar keine Puffer! Deshalb müsse in Hof umgestiegen werden. Zu Österreich und Württemberg bestünden ohnehin keine Verbindungen.

Von der Pfordten meinte, der königliche Wagen könne nicht außerhalb Bayerns verkehren. Das behagte dem König nicht. Am 11. Januar 1852 gab er den Auftrag, die königlichen Wagen so zu verändern, dass sie die »süddeutschen, nebst österreichischen, preußischen und nordischen Eisenbahnen ohne Gefahr und besondere Anstände befahren könnten.«

Ein Wagen wurde dementsprechend umgebaut. Das Problem der Puffer löste man mit Gepäckwagen als »Schutzwagen« an jedem Ende, die auf der abgewandten Seite für alle Puffer- und Zugeinrichtungen passten und zudem die Öfen für die Warmwasserheizung aufnehmen konnten. Dann begann die Testfahrt über Tausende von Kilometern. Staatsrath Freiherr von Pechmann berichtete am 16. Juni 1852 Seiner Majestät: »Der von einem technischen Beamten begleitete königliche Eisenbahnwagen befuhr die Sächsisch-Bayerische Staatsbahn von Hof bis Leipzig, sodann die Leipzig-Magdeburger Bahn bis Cöthen und von da die Berlin-Anhaltische Bahn bis Berlin, von Berlin zurück die Anhaltische und Leipzig-Dresdner Bahn nach Dresden, von Dresden die Sächsisch-Schlesische und Niederschlesisch-Märkische Bahn bis Breslau, dann die Oberschlesische und Wilhelmsbahn, ferner die Kaiser-Ferdinands-Nordbahn bis Wien, von Wien die Bahnen nach Prag, von Prag über die Sächsisch-Böhmische Bahn nach Dresden und von da über die Leipzig–Dresdner Bahn zurück.«

Königlicher Wille konnte damals eben noch Berge versetzen.

Fürth eröffnet worden war, gründeten sich in Stuttgart und Ulm zwei Aktiengesellschaften für den privaten Bahnbau.

1838 übernahm die Regierung unter König Wilhelm I. die zwei Jahre zuvor begonnenen Planungen. Eine eigens dafür eingerichtete Zoll- und Handelskommission der Abgeordnetenkammer wertete die Vorplanungen und Ergebnisse von Auslandsreisen aus. Sie sprach sich für den Bau von Staatsbahnen aus, auch deshalb, weil private Unternehmungen nur lukrative Strecken bauen und betreiben würden. Ansonsten verhielt sich die Kommission abwartend. Erst wollte man sehen, wo Bayern und Baden in Württemberg Anschluss an Eisenbahnstrecken suchten.

Zu Beginn der Landtags-Sitzungsperiode am 14. Januar 1843 stritten die Abgeordneten, ob die Eisenbahn überhaupt notwendig sei. Die Bemerkung des Abgeordneten Hamer machte schließlich die Runde: »Ich erlaube mir nur ein einziges Moment zu Gunsten der Eisenbahn anzuführen, welches ich seit vier Tagen hier noch nicht gehört habe; es ist die absolute Sicherheit gegen Straßenraub, deren sich der Reisende zu erfreuen hat.«

Der König unterzeichnete am 18. April 1843 das von den beiden Landtagskammern verabschiedete allgemeine Eisenbahngesetz, auf dessen Grundlage zwei Monate später die »Königliche Eisenbahn-Commission« gegründet wurde. Die erste Strecke sollte vom Mittelpunkt des Königreichs Stuttgart und Cannstatt durch das Filstal nach Ulm, Biberach, Ravensburg und Friedrichshafen sowie nördlich nach Heilbronn führen.

Der Kommission wurde der seit 1839 in Wien tätige Württemberger Karl Etzel vorgeschlagen,

▲ Der Bahnhof in Kirchheim unter Teck war ein lebhafter Platz im Ort, Endpunkt einer der beiden Privateisenbahnen in Württemberg (1925). 1975 kam ein neuer Bahnhof an eine ganz andere Stelle.

dem als Ingenieur die Oberleitung des Bahnbaus übertragen wurde.

Der Erste Spatenstich für den Bau der Zentralbahn Esslingen – Stuttgart – Ludwigsburg erfolgte am 26. Juni 1844 beim Baubeginn für den Stuttgarter Pragtunnel. Die erste Teilstrecke Cannstatt – Untertürkheim wurde am 22. Oktober 1845, die geplante Linie bis Friedrichshafen am 29. Juni 1850 in Betrieb gesetzt und die Strecke nach Heilbronn offiziell am 25. Juli 1848 eröffnet.

Bis 1854 entstand das Grundnetz, zu dem als wichtigste Strecken die der Südbahn Stuttgart – Ulm – Friedrichshafen und die der Nordbahn Stuttgart – Bietigheim – Heilbronn sowie die Zweigstrecken zu den Nachbarländern Baden und Bayern Bietigheim – Bretten (– Bruchsal) und Ulm – Neu Ulm gehörten. Nicht die Wirt-

schaft hatte in Württemberg den Bau der Eisenbahnen verlangt, er wurde auch durch die Sorge vorangetrieben, das Land könne umgangen und vom Transithandel abgeschnitten werden.

Abgesehen von diesem Motiv, erwies sich die staatliche Eisenbahn als Förderer der Wirtschaft. Im Württemberg gab es keine Sekundärbahnen und nur zwei Privateisenbahnen geringer Länge; die Kirchheimer Privatbahn (6,26 Kilometer) und die Ermsthalbahn von Metzingen nach Urach (10,43 Kilometer).

Die Eisenbahnangelegenheiten wurden anfangs dem Innenministerium, von 1844 an dem Finanzministerium und von 1864 an dem Ministerium der auswärtigen Angelegenheiten zugeordnet. Aus der genannten Eisenbahnkommission ging die königliche Eisenbahndirektion Stuttgart hervor.

35

3 Das Eisenbahnnetz wird dichter

Reich ohne Reichs-Eisenbahn

▲ Bahnhof Wurzen der Leipzig-Dresdener Eisenbahn: Bald mussten die Barrieren und Tore beseitigt werden.

Slg. Verkehrsmuseum Dresden

Zwischen 1855 und 1860 wuchs besonders in Preußen das Eisenbahnnetz und wurde immer dichter. Zum Beispiel verschwand die auffällige Lücke am mittleren Rhein, und beiderseits des Rheins verbanden Schienenstränge Holland mit der Schweiz. Der nördliche und mittlere Teil des preußischen Ostens mit den Provinzen Pommern, Posen, West- und Ostpreußen erhielt bis 1860 die ersten Strecken. Die Preußische Ostbahn, die ihre Stammstrecke bislang in Kreuz an der Stargard-Posener Eisenbahn anschloss, streckte ihre Gleise in Richtung Berlin vor. Nachdem die Nogat- und Weichselbrücken fertiggestellt waren, konnte die Lücke zwischen Dirschau und Marienburg geschlossen werden. Die Züge fuhren nun von Berlin bis Königsberg – Insterburg zur russischen Grenze, wo die breitspurige Petersburg-Warschauer Bahn anschloss.

Auch östlich der Oder stieß die Hinterpommersche Eisenbahn mit ihrem Schienenweg bis Köslin und Kolberg vor, die Oberschlesische Eisenbahn schuf mit der Strecke Breslau – Posen eine durchgehende Abfuhr der oberschlesischen Steinkohlen zum Stettiner Hafen.

▲ Seit 1895 bestand die Eisenbahndirektion Münster, für die ein prächtiges Gebäude errichtet wurde.   *Slg. Hörnemann*

Im Westen wurden Ostfriesland und das Emsland von der Eisenbahn erschlossen. Die Hannoversche Südbahn brachte eine Direktverbindung von den Häfen in Bremen und Hamburg über Hannover – Kassel nach Süddeutschland, so dass auf den Umweg über Hamm – Paderborn – Warburg verzichtet werden konnte. Von Halle und Leipzig konnte man direkt nach Berlin reisen, bisher nur über Köthen – Dessau. Die Preußische Ostbahn hatte mit 756 Kilometer Betriebslänge inzwischen die Bayerische Ludwigs-Süd-Nord-Bahn mit ihren 570 Kilometern Länge geschlagen.

Von den Privatbahnen in eigener Verwaltung gehörten zu den längsten die Köln-Mindener Eisenbahn mit 424 Kilometer Betriebslänge, die Bayerische Ostbahn mit 377 Kilometern Länge sowie mit nur 356 Kilometern Länge, aber dafür mit größerer Bedeutung die Berlin-Anhaltische.

Unter den Staatsbahnen stand Preußen mit 1550 Kilometer Strecken an der Spitze. Es folgten Bayern mit 1178 Kilometer und Hannover 743 mit Kilometer.

Keine Reichs-Eisenbahn

Nachdem der Norddeutsche Bund[1] und die verbündeten süddeutschen Staaten im Preußisch- bzw. Deutsch-Französischen Krieg Frankreich besiegt hatten, wurde am 18. Januar 1871 im Schloss von Versailles das Deutsche Kaiserreich ausgerufen. Bis 1890 prägte Reichskanzler Otto von Bismarck die innen- und außenpolitische Entwicklung, und er strebte auch das vereinigte deutsche Eisenbahnwesen, die Reichseisenbahnen, an. Das sah bereits die Verfassung in den Artikeln 4 sowie 41 bis 47 vor, nach denen zumindest im Interesse der Landesverteidigung und des allgemeinen, gemeinsamen Verkehrs das Eisenbahnwesen dem Reich unterstellt werden sollte.

Dazu kam es jedoch nicht bis auf die Ausnahme der 766 Kilometer Strecken der Französischen Ostbahn in Elsaß-Lothringen, die von der Kaiserlichen Generaldirektion als Reichseisenbahnen

1   Militärisches Schutz- und Trutzbündnis seit 18. August 1815, zu dem außer dem Königreich Preußen die Fürstentümer und Hansestädte nördlich des Mains, der nördliche Landesteil Hessens, die Hohenzollernschen Lande und die preußischen Gebiete südlich des Mains gehörten

▲ Karl Hermann Peter von Thielen stand von 1891 an elf Jahre an der Spitze des preußischen Ministeriums der öffentlichen Arbeiten.

von der Generaldirektion in Straßburg verwaltet wurden und anfangs dem Reichskanzler direkt unterstellt waren.

Die Haltung der Länder zur vereinigten Eisenbahn unterschied sich. Einerseits anerkannten die Länder- und die Privateisenbahnen den Vorteil, gäbe es einheitliche Vorschriften, Signale, technische Normen, Tarife und entfielen mancherlei Bestrebungen einzelner Bahngesellschaften, den Verkehr an sich zu ziehen statt ihn ohne Umwege fließen zu lassen. Ein Gesetz vom 4. Juni 1876 ermächtigte die Staatsregierung Preußens, mit dem Deutschen Reich Verträge zu schließen, durch die die gesamten preußischen Staatsbahnen dem Deutschen Reich übertragen werden sollten. Doch davon machte der Bundesrat keinen Gebrauch, weil der Widerstand im Reichstag zu groß war. Sämtliche Versuche der »Verreichlichung« scheiterten, selbst durch die Einrichtung eines Reichseisenbahnamtes 1873 oder durch die Verstaatlichung der Bahngesellschaften kam

man diesem Ziel nicht näher. Nicht nur die südlichen Länder fürchteten das Verreichlichungsprogramm Bismarcks als einen Angriff auf ihre staatliche Souveränität, auch viele Abgeordneten des preußischen Herrenhauses und der Verein der Privateisenbahnen Deutschlands erwiesen sich als Widersacher des Reichseisenbahn-Projektes. Einzelheiten dieser Vorgänge beschreibt Wolfgang Klee anschaulich in seiner preußischen Eisenbahngeschichte [6].

Der neue preußische Minister für Handel, Gewerbe und der öffentlichen Arbeiten seit dem Jahr 1878, Albert von Maybach (1822 – 1904), stellte sich die Aufgabe, wie er es im Abgeordnetenhaus deutlich machte, die Hauptlinien des Eisenbahnnetzes zum Staatsbahnsystem zu machen, das heißt, sie dem Reich zu unterstellen. 1854 war er zur preußischen Eisenbahnverwaltung gekommen, wurde 1858 im Handelsministerium Vortragender Rat und Vorsitzender des Direktoriums der Oberschlesischen Eisenbahn in Breslau. Von 1863 bis 1867 stand er an der Spitze der Eisenbahndirektion Bromberg, danach leitete er bis 1874 der Eisenbahndirektion Hannover.

Als Leiter des Reichseisenbahnamtes arbeitete er ein Projekt aus, wie die wichtigsten Eisenbahnen zu verstaatlichen seien und entwarf für den Bundesrat das Reichseisenbahngesetz. Bei beiden blieb er erfolglos. Verärgert verließ er 1876 das Reichseisenbahnamt.

Als von Achenbach 1878 als Handelsminister zurücktrat, folgte Maybach nach. Er konnte sich nun für die Verstaatlichung der Bahnen in Norddeutschland einsetzen. Am 7. August 1878 wurde die Abteilung für öffentliche Arbeiten aus dem Handelsministerium gelöst und ein selbstständiges Ministerium der öffentlichen Arbeiten geschaffen mit Maybach an der Spitze (bis 1891). Dabei leitete er zugleich die preußischen Staatseisenbahnen. Die Vorlage, die Berlin-Stettiner, Magdeburg-Halberstädter, Hannover-Altenbekener und die Köln-Mindener Eisenbahn zu erwerben, erhielt am 20. Dezember 1879 in Preußen Gesetzeskraft. Maybachs Verdienst war es, in Preußen den Grundstein einer zielbewussten Eisenbahnpolitik gelegt zu haben. Auch begann er, das gewaltige Eisenbahnnetz neu zu organisieren.

Das eigentliche Verdienst, die Staatsbahn neu zu ordnen, kommt Karl Hermann Peter von Thielen (1832 – 1906) zu. Er begann seine Laufbahn bis zum Eisenbahnminister 1864 in Saarbrücken, war 1866 in der Eisenbahndirektion Breslau tätig und wurde 1867 Mitglied der Direktion der Rheinischen Eisenbahngesellschaft. Als diese Bahn verstaatlicht worden war, fand sich für ihn zunächst die Stelle als Präsident der Eisenbahndirektion Elberfeld, seit 1887 bekleidete er die gleiche Position in der Eisenbahndirektion

▲ Das Gebäude der Eisenbahndirektion Essen, zuständig für die rechtsrheinischen Strecken und das Ruhrgebiet.   *Slg. Hörnemann*

ahndirektion

▲ Das Gebäude der Reichsbahndirektion Posen, die nach Beginn des Zweiten Weltkrieges vom 24. September 1939 bis 1945, aber in Preußen auch schon einmal von 1895 bis 1920 bestand (1940).   *Slg. Gottwaldt*

Hannover. Von 1891 bis 1906 war er Minister der öffentlichen Arbeiten und Chef des Reichseisenbahnamtes. In von Thielens Zeit als Minister fielen das Kleinbahngesetz und die Bildung der Preußisch-Hessischen Betriebsgemeinschaft.

Die große Verstaatlichung in Preußen

Die meisten Verwaltungen der außerpreußischen Eisenbahnen fürchteten die Vormachtstellung der Königlich Preußischen Eisenbahn-Verwaltung (KPEV). Dabei führte diese nicht nur die größte Verkehrsanstalt der Welt, der Zustand der Anlagen und Fahrzeuge sowie die Betriebsorganisation waren für ihre Zeit mustergültig.

Noch 1879 erfuhr das Abgeordnetenhaus, dass die Regierung wegen der Verstaatlichung von insgesamt 2.000 Kilometer Betriebslänge mit den Privatbahnen verhandelte. Zu Staatsbahnen wurden die Rheinische und die Berlin-Potsdam-Magdeburger Eisenbahn 1880, die Bergisch-Märkische, die Thüringische, die Berlin-Anhaltische, die Cottbus-Großenhainer, die Berlin-Görlitzer, die Märkisch-Posener Eisenbahn und die Rhein-Nahe-Bahn. Weitere

Privatbahnen wurden bis 1890 verstaatlicht, so dass Preußen binnen einem Jahrzehnt 14.000 Kilometer Eisenbahnen erwarb. 1891 belief sich die Betriebslänge der Königlich Preußischen Staatseisenbahnen auf 25.000 Kilometer (zum Vergleich: im Jahr 2008 umfasste das Gleisnetz der Deutschen Bahn 33.862 Kilometer).

Das preußische Eisenbahnnetz reichte von Memel und Tilsit im Nordosten bis Kattowitz im Südosten, von Hvidding im Norden bis vor Leipzig im Süden sowie Dillingen im Südwesten, nicht einbezogen die Eisenbahn von Elsaß-Lothringen. Ein solches Mammutunternehmen bedurfte einer angemessenen Organisation bzw. Verwaltung. Die preußischen Staatsbahnen gingen sowohl behutsam als auch pragmatisch vor und setzten dabei auf Dezentralisierung. Dafür sei das Beispiel der ehemaligen Rheinischen Eisenbahn genannt. Sie wurde am 14. Februar 1880 rückwirkend zum 1. Januar des Jahres verstaatlicht. Aus der Direction der Rheinischen Eisenbahn in Köln wurde die »Königliche Direction der Rheinischen Eisenbahn zu Cöln (linksrheinische)«. Gleichzeitig wurde die »Königliche Direction der Cöln-Mindener Eisenbahn« zur »Königlichen Eisenbahndirection Cöln (rechtsrheinische)«. In den nächsten Jahren wurden die Direktionsbezirke

▲ Die Eisenbahndirektion Köln war in dem Gebäude der Rheinischen Eisenbahn-Gesellschaft, das von 1857 bis 1859 auch als Personenbahnhof diente (1900). *Slg. Hörnemann*

▲ Die Eisenbahn-Hauptwerkstatt in Schneidemühl (Westpreußen) war eine der größten Werkstätten der preußischen Staatsbahn und auch der Deutschen Reichsbahn (1910).   *Slg. Hörnemann*

nach geografischen Gesichtspunkten verändert, so dass zur linksrheinischen Direktion Strecken der 1882 verstaatlichten Bergisch-Märkischen Eisenbahn kamen, die bisher von der Direktion in Elberfeld verwaltet worden waren.

Der Minister der öffentlichen Arbeiten beaufsichtigte und leitete das preußische Eisenbahnwesen, indem er damit elf Direktionen beauftragte (siehe Tabelle auf Seite 44), deren Bezirke weitgehend mit den der vorher bestehenden Königlichen Eisenbahndirektionen übereinstimmten. Diesen unterstanden 75 Betriebsämter, die meist ihren Sitz am Ort der vorher bestehenden Privatbahnverwaltung hatten.

Den Kunden wurden nicht, wie hundert Jahre später bei der Deutschen Bahn, verwirrende Änderungen der Zuständigkeiten zugemutet. Allerdings führten die Direktionen ein gewisses Eigenleben, was sich an wachsender Bürokratie im schlechten Sinne und zunehmender Unbeweglichkeit bemerkbar machte. Um die Bezirke zu verkleinern, wurden zum 1. April 1895 die preußischen Staatseisenbahnen neu strukturiert, die Direktionsabteilungen und Betriebs-

▲ Das Wappen der Königlich Preußischen Eisenbahn-Verwaltung   *Slg. Reiner Preuß*

▲ Die preußische P 6 war für ihre Unruhe bei Geschwindigkeiten über 90 km/h berüchtigt und wanderte deshalb recht schnell in den Nebenbahndienst in Pommern und Ostpreußen ab.

ämter abgeschafft, dafür 20 Direktionen gebildet und deren Präsidenten größere Befugnisse eingeräumt. Dabei verschwand aber die oben genannte rechtsrheinische Eisenbahndirektion in Köln. Ihre Strecken waren auf die Direktionsbezirke Münster, Essen, Elberfeld und Frankfurt am Main aufgeteilt worden.

Aus den Betriebsämtern wurden Betriebs-, Verkehrs-, Maschinen- und Werkstätteninspektionen. Diese wurden allerdings 1910 wieder als Ämter bezeichnet. Das Organisationsschema hielt sich prinzipiell bis zum Jahre 1993!

Diese Darstellung gibt nur Äußerlichkeiten wider; zur Reorganisation der Verwaltung gehörte auch die Anpassung an die stets wachsenden Aufgaben der Eisenbahn. Als Beispiel sei die Bildung eines Zentralamtes für den Ausgleich des Güterwagenaufkommens und –bedarfs genannt. Täglich wurden Bestand und Bedarf gemeldet und auf Grundlage der Meldungen ermittelt. Dementsprechend wurden die Leerwagen zu den Versendern verfügt. Damals wurde auch der Grundsatz »Abgabe geht vor eigenem Bedarf« geboren, um jedem Direktionsegoismus zuvorzukommen.

In diese Periode preußischer Eisenbahngeschichte fallen zwei wesentliche Ereignisse: das Kleinbahngesetz von 1892 und die Bildung der Preußisch-Hessischen Betriebsgemeinschaft. Neben den Staatsbahnen bestand in Preußen noch eine Anzahl Privateisenbahnen, an deren Verstaatlichung – seinerzeit – niemand interessiert war. Zu den großen gehörten: Brandenburgische Städtebahn (125 Kilometer), Köln-Bonner Eisenbahnen (56 Kilometer), Lübeck-Büchener Eisenbahn (110 Kilometer), Niederlausitzer Eisenbahn (113 Kilometer), Prignitzer Eisenbahn (61 Kilometer), Ruppiner Eisenbahn (125 Kilome-

Die Verbreitung der Eisenbahn in den deutschen Ländern 1890

Land	Fläche in km²	Einwohner	Eisenbahnen in km	km Strecken je km²
Herzogtum Anhalt[1]	2.347	254.000	265	11,29
Großherzogtum Baden	15.081	1.615.000	1413	9,37
Königreich Bayern	75.860	5.476.000	5.350	7,05
Herzogtum Braunschweig	3.690	381.00	492	11,65
Freie und Hansestadt Bremen	256	168.000	44	17,57
Elsaß-Lothringen[2]	14.509	1.569.000	1.456	10,03
Freie und Hansestadt Hamburg	410	535.000	37	9,25
Großherzogtum Hessen	7.682	968.000	918	11,96
Fürstentum Lippe-Detmold	1.215	125.000	29	2,41
Freie und Hansestadt Lübeck	298	69.000	46	15,75
Großherzogtum Mecklenburg-Schwerin	13.304	579.000	895	6,73
Großherzogtum Mecklenburg-Strelitz	2.930	99.000	182	6,22
Großherzogtum Oldenburg	6.423	345.000	406	6,32
Königreich Preußen	348.347	28.762.000	24.359	6,99
Fürstentum Reuß ältere Linie[3]	316	58.000	35	11,17
Fürstentum Reuß jüngere Linie[4]	826	114.000	56	6,90
Königreich Sachsen	14.993	3.254.000	2.344	15,64
Herzogtum Sachsen-Altenburg	1.324	163.500	164	12,44
Herzogtum Sachsen-Coburg-Gotha	1.957	201.000	174	8,91
Herzogtum Sachsen-Meiningen	2.468	219.000	231	9,35
Großherzogtum Sachsen-Weimar-Eisenach	3,595	317.000	399	11,12
Fürstentum Schaumburg-Lippe[5]	340	38.000	24	7,16
Fürstentum Schwarzburg-Rudolstadt	940	85.000	30	3,22
Fürstentum Schwarzburg-Sondershausen	862	75.000	78	9,12
Fürstentum Waldeck[6]	1.121	57.000	11	1,67
Königreich Württemberg	19.504	2.015.000	1460	7,49

1　Residenz = Dessau
2　seit 1871 zum Deutschen Reich gehörend
3　Residenz = Greiz
4　Residenz = Schleiz, Gera
5　Residenz = Bückeburg
6　Residenz = Arolsen

ter), Westfälische Landeseisenbahn (265 Kilometer).

Trotzdem blieben weite Landstriche ohne Eisenbahn, besonders in Ost- und Westpreußen. Insbesondere die Wirtschaft und die Kommunen begehrten des Anschlusses an das staatliche Eisenbahnnetz wenigstens durch Lokalbahnen. 1879 forderte eine Resolution im Abgeordnetenhaus die Staatsregierung auf, Untersuchungen darüber zu veranlassen, »inwieweit der Bau von lokalen Anschlussbahnen niederer Ordnung

geeignet ist, die Rentabilität der vorhandenen Eisenbahnen, insbesondere der Staatsbahnen zu heben und den Absatz von landwirtschaftlichen Erzeugnisse und sonstigen Rohprodukte zu erleichtern.«

Nach langem Ringen, auch um die Bezeichnung derartiger Bahnen, verabschiedete der Landtag am 28. Juli 1892 das berühmte »Gesetz über Klein- und Privatanschlußbahnen«, kurz Kleinbahngesetz. Der Begriff Kleinbahn war unglücklich gewählt und ist lediglich eine

Die Eisenbahndirektionen der Königlich Preußischen Staatseisenbahnen 1894/1895

	Gesamtlänge der Strecken in km	Zahl der Betriebsämter	Zahl der Bauinspektionen
Altona	1.635	5	13
Berlin	3.395	10	30
Breslau	3.143	9	25
Bromberg	4.777	10	35
Cöln (linksrheinisch)	2.044	6	18
Cöln (rechtsrheinisch)	2.380	8	29
Elberfeld	1.299	4	13
Erfurt	1.973	6	18
Frankfurt am Main	1.490	4	13
Hannover	2.366	7	20
Magdeburg	1.941	6	18

juristische Bezeichnung mit dem Hinweis, dass die Bahn nach dem genannten Gesetz gebaut und betrieben werden durfte. Wichtig ist die grundsätzliche Unterscheidung nach Normal- und Schmalspurbahnen sowie nach Privat- und Staatsbahnen. Neben dem Übergang zum Staatsbahnsystem wurde der Bau von Nebenbahnen so kräftig gefördert, dass deren Betriebslänge bis 1914 auf 15.000 Kilometer wuchs.

Vor dem Ruin gerettet

Dass es zur Preußisch-Hessischen Betriebsgemeinschaft kam, war der agilen Hessischen Ludwigsbahn zu verdanken, die nicht nur bedeutende Strecken gebaut hatte, sondern auch betrieb. Dazu zählten seit 27. Dezember 1859 Mainz – Bingerbrück mit dem Anschluss an die Rheinische Eisenbahn in Richtung Köln, sowie seit 1862 Mainz – Frankfurt am Main – Aschaffenburg, seit 1869 Darmstadt – Worms und seit 1880 Frankfurt am Main – Mannheim, um nur vier der lukrativen Strecken der Ludwigsbahn zu nennen.

Doch von dem wirtschaftlichen Niedergang des Landes war auch die private Ludwigsbahn betroffen, die ihre Anlagen und Fahrzeuge vernachlässigte sowie am Personal sparte.

Die Übelstände wurden nach einiger Zeit offensichtlich. Um ihnen abzuhelfen, plante das Großherzogtum Hessen nicht nur die Verstaatlichung dieser Eisenbahn, sondern auch deren Anschluss an die erfolgreichen preußischen Staatsbahnen. Durch den am 23. Juni 1896 von Hessen und Preußen geschlossenen Staatsvertrag über eine Eisenbahnbetriebs- und Finanzgemeinschaft, die am 1. April 1897 begann, wurde die Stellung der preußischen Eisenbahnen unter den deutschen Länderbahnen noch gestärkt. Preußen und Hessen kauften die Ludwigsbahn, deren Gesellschaft sich am 1. Februar 1897 auflöste. Zur Betriebsgemeinschaft gehörte ferner die Oberhessische Eisenbahn-Gesellschaft mit ihren wichtigsten Strecken Gießen – Fulda und Gießen – Gelnhausen. Die Main-Neckar-Bahn kam 1902 zur Gemeinschaft. Damit bewahrte das Großherzogtum diese Bahn vor dem finanziellen Ruin. 1910 entfielen von den rund 60.000 Kilometer deutscher Eisenbahnen noch nicht einmal 4.000 Kilometer auf Privatbahnen. Dem Gedeihen der Staatsbahnen in den Jahren 1870 bis 1914 entsprach auch die technische Entwicklung im Eisenbahnwesen auf den Gebieten Bau und Betrieb sowie bei der Erhöhung und Verbesserung der Verkehrsleistungen. Dazu trug von Mitte der siebziger Jahre an die Normung im Lokomotivbau bei, seinerzeit als »Normalisierung«

▲ Den hochwertigen Schnellzugdienst Nord- und Ostdeutschlands bestritten die Lokomotiven der preußischen Gattung S 6, eine typisch »unschöne« Konstruktion des Maschinenmeisters Robert Garbe.

bezeichnet. Die Einführung der Verbund- und Heißdampflokomotiven leiteten eine wesentliche Entwicklungsstufe ein, auch der Bau und die Einrichtung der Personenwagen (Heizung und Beleuchtung, Aborte, Waschräume, Schlaf- und Speisewagen) wurden verbessert, der Anteil der Durchgangswagen nahm gegenüber dem der Abteilwagen zu.

1892 verkehrte der erste Schnellzug, und die Einführung der durchgehenden Druckluftbremse, vorerst in Personenwagen[2], ermöglichte nicht nur die Anhebung der Geschwindigkeit, sondern ersparte die Bremsmannschaften.

In die genannte Periode fallen auch die großen Bahnhofsumbauten mit Spezialisierung der Anlagen als Personen-, Verschiebe-, Güter-, Abstell-, Postbahnhöfe usw., neue Bahnhofsgebäude, neue Brücken mit höherer Tragfähigkeit, Stellwerksbauten, eine immer ausgefeiltere Signal- und Sicherungstechnik, elektromechanische Stellwerke, die ersten Zugbeeinflussungseinrichtungen, die Anfänge des elektrischen Zugbetriebs.

▲ Bahnhof Berlin Alexanderplatz (1891), ein Aquarell von Alfred Heide

---

2   Bei Güterwagen zog sich deren Einführung bis 1927 hin.

45

▲ Der hessische Löwe und der preußische Adler, mit diesen Wappentieren, wird über dem Eingang des Empfangsgebäudes von Bad Nauheim die Preußisch-Hessische Betriebsgemeinschaft symbolisiert (2009).

▲ In Brandenburg-Neustadt, einem Bahnhof der Brandenburgischen Städtebahn, wird der aus einem Speisewagen umgebaute Beiwagen rangiert. Daneben steht auf dem Staatsbahnhof eine 01 auf der Fahrt von Berlin nach Magdeburg (um 1930).

Slg. Museum Brandenburg (Havel)

In einer Würdigung dieser Leistungen zum hundertjährigen Jubiläum der deutschen Eisenbahnen im Jahr 1935 hieß es: »Die Entwicklung der deutschen Eisenbahnen in der Zeit von 1871 bis 1914 hat gezeigt, daß ihre Verwaltung technisch und wirtschaftlich hohen Anforderungen genügte. Im Aufbau und der Gliederung in den einzelnen Ländern verschieden geordnet, war doch der Geist der Verwaltung überall der gleiche. Hohes Pflichtgefühl, gewissenhafte Wahrnehmung des Dienstes, Sinn für Pünktlichkeit und Ordnung haben neben guter Schulung in Deutschland die Eisenbahnbediensteten aller Grade von jeher ausgezeichnet.« [10]

Was sonst noch geschah

1855	Übereinkommen über den Wagenverkehr im Gebiet des Vereins Deutscher Eisenbahnverwaltungen und gegenseitige Wagenbenutzung getroffen.
1870	Einführung der Fettgasbeleuchtung in den Zügen
22. Dezember 1871	Einheitliches Betriebs- und Bahnpolizeiregelement für die deutschen Eisenbahnen eingeführt.
1872	Mit der Ausrüstung der Schnell- und Personenzüge mit der durchgehenden Bremse, Bauart Heberlein, begonnen.
4. Januar 1875	Einheitliche Signalordnung erlassen.
1884	Lokalbahngesetz in Bayern verabschiedet.
1886 – 1900	Gasbeleuchtung und Dampfheizung in den Personenwagen eingeführt.
1887	Selbsttätige Druckluftbremse der Bauart Westinghouse eingeführt.
1. Mai 1892	Die Schnellzüge 31/32 Berlin – Hildesheim – Köln sind aus vierachsigen Durchgangswagen gebildet, seit 1. Juni auch 51/52 Berlin – Nordhausen – Frankfurt (Main) und seit 1. Februar 1893 3/4 Berlin – Hannover – Köln.
1. Oktober 1893	Im Fernverkehr der Preußischen Staatsbahnen werden die ersten Bahnsteigsperren eingeführt, am 15. Januar 1894 bei den Bayerischen und am 1. Oktober 1895 bei den Sächsischen Staatseisenbahnen.
1894	Den elektrischen Streckenblock bei den preußischen Staatseisenbahnen eingeführt, Vorschrift der Eisenbahn-Betriebsordnung von 1898 für Strecken mit dichter Zugfolge.
29. Juli 1898	Erste Heißdampflokomotive mit Flammrohrüberhitzer nach dem Entwurf von Wilhelm Schmidt bei den Preußischen Staatseisenbahnen in Dienst gestellt.
1899	Die sächsischen Staatseisenbahnen werden neu organisiert.
1. Januar 1900	Die Eisenbahn-Verkehrsordnung tritt in Kraft.
1. Oktober 1903	Eisenbahn-Fährschiffverbindung Warnemünde – Gedser eröffnet.
1903	Schnellfahrten mit Geschwindigkeiten von 200 bis 210 km/h auf der Militärbahn Marienfelde – Zossen.
1. April 1907	Das bayerische Verkehrswesen wird neu geordnet, ein Verkehrsministerium und fünf Eisenbahndirektionen werden in Augsburg, München, Nürnberg, Regensburg und Würzburg gebildet.
7. Juli 1909	Zwischen Saßnitz und Trelleborg wird die Eisenbahnfährverbindung in Betrieb genommen.
1911	Die ersten Einheitsstellwerke werden gebaut.
1912	Preußen, Bayern und Baden vereinbaren die einheitliche Streckenelektrifizierung mit 10 kV Wechselstrom zu 16 2/3 Hz.
1913	Neuordnung in der Verwaltung der badischen Eisenbahnen.

4 Blütezeit und Niedergang

Die Eisenbahn am Vorabend und während des Ersten Weltkriegs

▲ Als Ersatz für den Bahnhof Templerbend in Aachen entstand bis 1910 der Westbahnhof.   *Slg. Blazek*

Vor dem Ersten Weltkrieg standen die Eisenbahnen im Deutschen Reich in der Blüte. Die Zugleistungen stiegen von 322 Millionen Kilometer im Jahr 1910 auf 356 Millionen Kilometer im Jahr 1913. Regelmäßig wurden die Zugverbindungen im Fern- und im Nahverkehr verbessert, besonders im Osten Preußens durch straffe Fahrpläne beschleunigt, in Bayern durch kleinere Zugeinheiten. Die Konkurrenz der Autos, Omnibusse und Flugzeuge war den Eisenbahnen unbekannt.

Schnelle und komfortable Züge und Kurswagen durchquerten Europa. Auch der Arbeiter- und Berufsverkehr wurde wie der Markt- und Schulverkehr sorgfältig geplant; zu den wichtigsten Ferienzielen fuhren Sonderzüge, für die Fahrpreisermäßigungen gewährt wurden. Im Sommer 1911 durchliefen bereits 113 Züge 28 Abschnitte von mehr als 120 Kilometer Länge ohne Aufenthalt. Und das bei der ausschließlichen Zugförderung durch Dampflokomotiven! Acht Stunden, elf Minuten Reisezeit zwischen Berlin und München bei nur zwei Regelhalten in Halle und in Nürnberg galten als sensationell. Zum Vergleich: Der schnellste ICE auf dieser Relation benötigt heute, zumindest laut Fahrplan der

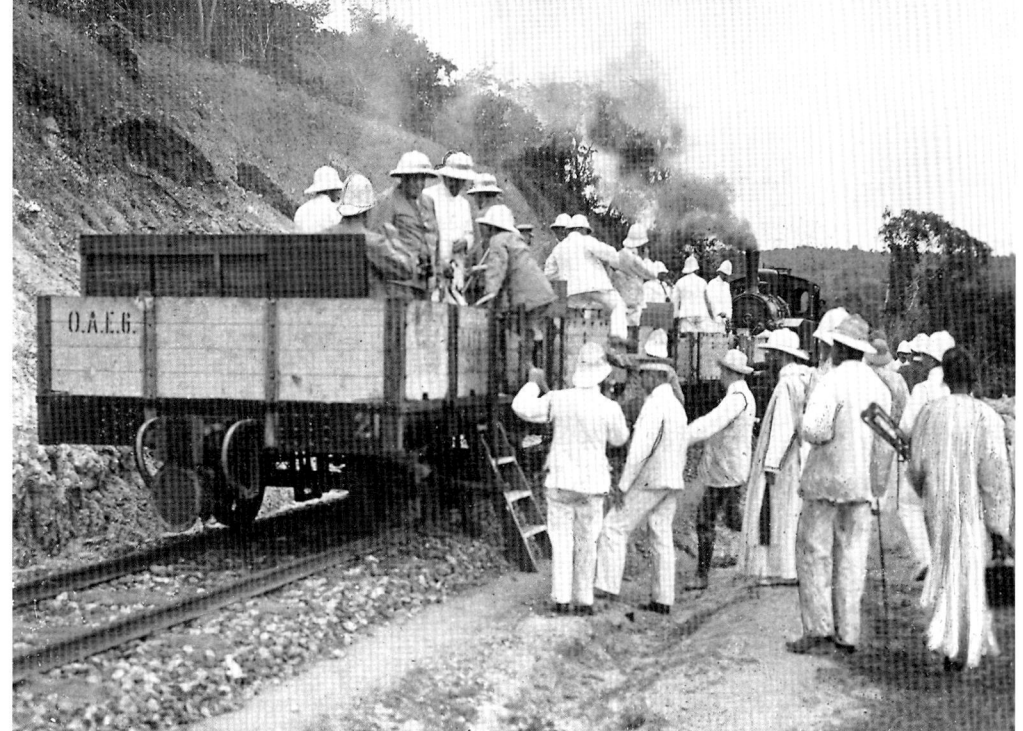

▲ Damit war es vorbei: Reichstagsabgeordnete besteigen einen Zug der Morogorobahn in Deutsch-Ostafrika (Tansania, 1906)

Süddeutsche Zeitung Photo

Deutschen Bahn AG, fünf Stunden und 52 Minuten.

Der Standard, der den Vergleich »Pünktlich wie die Eisenbahn« prägte, wurde abrupt beendet, als im Juli 1914 das Heer aufmarschierte und am 1. August der Zweifrontenkrieg begann.[1] Auf ihn hatten sich die Eisenbahnen nicht besonders eingestellt, obgleich sie sich bereits früher bewährt hatten, wenn sie für Transporte von Militär und Ausrüstungen benutzt wurden, um Revolutionen niederzuschlagen oder Krieg zu führen. Zuletzt beim Aufmarsch in Richtung französische Grenze 1870 übernahmen die Eisenbahnen ohne nennenswerte Beanstandungen 1300 Transporte für 550.000 Mann und 160.000 Pferde. [12]

Auch 1914 vollbrachten die Eisenbahner bereits eindrucksvolle Leistungen, als die Deutschen wegen der Kriegsgefahr aus dem Ausland in die Heimat zurückdrängten. Innerhalb von neun Tagen, vom 26. Juli bis 3. August 1914, wurden 862 Doppel- und Sonderzüge gefahren, allein am 1. August 235. Die Beförderung des Gepäcks misslang, obwohl den Zügen zusätzliche Gepäckwagen beigestellt und Gepäcksonderzüge eingesetzt worden waren. In Hallen und anderen Räumen lagerten die fehl geleiteten Gepäckstücke, es fehlte an Gepäckarbeitern, weil diese vom Waffendienst nicht zurückgestellt worden waren.

Im Reiseverkehr überwogen schnell die militärischen Anforderungen, zum Beispiel am Tag der Mobilmachung, dem 1. August, als der allgemeine Güterverkehr eingestellt werden musste. Die Bahnverwaltungen konnten sich nur am 2. und 3. August auf die Einführung des Militärfahrplans vorbereiten. Die Personenzüge verkehrten noch, der Güterverkehr wurde ein-

---

1 Deutschland erklärte als Verbündeter Österreich-Ungarns an diesem Tag Russland den Krieg.

▲ Die Ausflügler aus Frankfurt am Main sind nach Bingen gekommen (1910). Links liegen die Güter- und Hafengleise, rechts steht der Zug nach Alzey.   *Slg. Stadtarchiv Bingen*

▲ Der Centralbahnhof Bremen im Rundbogenstil wurde 1889 eröffnet. Rechts steht der Lloydbahnhof, der die Reisenden zu den in Bremerhaven abgehenden oder ankommenden Amerika-Dampfern aufnahm.   *Slg. Blazek*

geschränkt, in Richtung Grenzbahnhöfe ruhte der zivile Zugverkehr.

Als nach dem zweiten Mobilmachungstag alle Fahrzeuge dem Militär zur Verfügung stehen mussten, begannen chaotische Verhältnisse. Der Aufmarsch erforderte in den ersten 14 Tagen des Augusts die Ausrüstung von etwa 166.000 gedeckten Güterwagen für die Mannschafts- und Pferdetransporte und von rund 59.000 offenen Güterwagen für die Fahrzeuge. Lokomotiven und Personal mussten umstationiert werden. Am 18. August war der Aufmarsch beendet, der im Osten ruhig vonstatten ging, während er zur Westfront größte Anforderungen an die Eisenbahner stellte: auf 13 »Transportstraßen« täglich 660, insgesamt 11.000 Transporte für 3 Millionen Mann, Gerät und 860.000 Pferde.

Danach wurde der zivile Personen- und Güterverkehr wieder zugelassen. Am 21. September vereinbarten die deutschen Eisenbahnverwaltungen die Wiedereinführung des Friedensfahrplans vom 2. November 1914 an. Die Verkehrsbeschränkungen wegen des stets starken Militärzugverkehrs blieben jedoch. Nun mangelte es an Güterwagen, was den Versendern, die sich erst auf die Kriegswirtschaft umstellten, kaum auffiel. Dem geregelten Betriebsdienst waren allerdings die ständig wechselnden Anforderungen der Heeresverwaltung zuwider.

Inzwischen wurden die Bahnen auch dadurch geschwächt, dass sie die Feldeisenbahnen mit Personal und Material versorgen mussten. Zu Überlastungen der Strecken kam es im Jahr 1916

Henschel & Sohn, Cassel.

▲ Zum Misserfolg wurden die beiden nach Konstruktionen von Kuhn und Wittfeld von Henschel gebauten Schnellfahrlokomotiven. Sie waren langsamer als konventionelle Schnellzuglokomotiven.

▲ Fürth (Bay) Hbf: Noch herrscht Begeisterung bei der Abfahrt an die Front (1914)　　　*Slg. Stadtarchiv Fürth*

Die Eisenbahndirektionen der Preußisch-hessischen Staatsbahnen 1914

	Betriebslänge [km]	Ämter[1]	Bahnhöfe und Haltepunkte[2]	Bahnmeistereien	Bemerkungen
Altona	2.056	30	425	152	
Berlin	703	31	194	101	
Breslau	2.315	38	452	167	
Bromberg	2.367	26	367	119	1920 aufgelöst
Cassel	2.068	29	463	140	
Cöln	1.884	28	413	160	
Danzig	2.642	25	436	156	1920 aufgelöst
Elberfeld	1.493	29	372	143	
Erfurt	2.001	28	482	127	
Essen	1.236	36	200	135	
Frankfurt am Main	1.973	29	526	138	
Halle (Saale)	2.116	31	373	151	
Hannover	2.211	33	403	174	
Kattowitz	1.747	28	277	123	1922 nach der Volksabstimmung über Oberschlesien nach Oppeln verlegt
Königsberg (Ostpr)	2.940	32	451	157	
Magdeburg	1.712	31	292	142	
Mainz	1.162	31	274	87	
Münster (Westf)	1.466	20	260	100	
Posen	2.663	30	444	137	1920 aufgelöst
Saarbrücken	1.214	23	311	87	1920 nach Trier verlegt
Stettin	2.212	25	438	132	

1 Betriebs-, Maschinen-, Werkstätten-, Verkehrsämter
2 Bahnhöfe 1. bis 4. Klasse und Haltepunkte

durch das Hindenburg-Programm,[2] als neue Fabriken aus dem Boden gestampft, vorhandene erweitert und die Heeresmagazine vergrößert, die Eisenbahnanlagen überhaupt nicht oder viel zu spät angepasst wurden. Die Berliner Bahnanlagen, die schon vor dem Kriege hätten erweitert werden müssen, wurden durch den örtlichen und den Ost-West-Verkehr zum Engpass. Im Herbst 1916 überlagerten sich die Waffentransporte nach Frankreich mit den Kartoffel- und anderen Erntetransporten. Mussten sonst für die Gutart Kartoffeln täglich 2.500 Wagen gestellt werden, so waren es 1916 rund 8.000 Wagen! Inzwischen machten sich die Schäden an den Fahrzeugen und Anlagen durch mangelnde Pflege und Betriebsstoffe bemerkbar.

2 Nach dem Feldmarschall von Hindenburg benanntes Programm, das den wirkungsvolleren Einsatz knapper Rohstoffe für die Kriegsanstrengungen forderte. Hindenburg erklärte: Nicht nur die Zahl der Soldaten bestimmt den Kriegsverlauf mit, sondern auch die Fähigkeit der Binnenwirtschaft, genug Waffen und andere kriegsrelevante Güter zu produzieren. Allerdings wirkte sich die Knappheit an Rohstoffen und Truppen bereits 1916 schwächend aus. Viele Historiker behaupten, der Hindenburgplan sei von Beginn an unrealistisch gewesen. Er habe dazu geführt, dass die militärische Führung die deutsche Niederlage den Zivilisten anlastete, die für die Wirtschaftsproduktion zuständig waren.

Überlastete Anlagen

Im Januar 1917 litt die Eisenbahn bedenklich an Überlastung; sie konnte nicht zur Erfüllung des Hindenburgprogramms beitragen. Zu den Bildern jener Zeit gehören überfüllte Bahnhöfe, Rückstau von Zügen wegen fehlender Bespan-

Schwarze Chronik

Von den Unfällen der Jahre 1914 bis 1919 mit 30 und mehr Getöteten sind zu nennen:

18. Januar 1917	Nannhofen	30 Tote, 84 Verletzte	Zusammenstoß von Schnellzug und Güterzug mit Personenbeförderung
3. Dezember 1917	Heeßen	32 Tote und 87 Verletzte	Zusammenstoß eines Schnellzuges mit einem Sonderzug mit Kriegsgefangenen
7. Januar 1918	bei Bruchmühlbach	33 Tote und 121 Verletzte	Zusammenstoß eines Militärurlauber- und eines Etappenzuges
16. Januar 1918	Ölingen	31 Tote und 66 Verletzte	Zusammenstoß eines Schnellzuges und eines Militärurlauberzuges bei starkem Schneesturm
16. Januar 1918	bei Kirn	38 Tote und 25 Verletzte	Entgleisung eines Militärurlauberzuges infolge Unterspülung und Hochwassers
18. Januar 1918	Argeninglen	32 Tote und 36 Verletzte	Zusammenstoß eines Militärurlauber- und eines Personenzuges
30. Juli 1918	bei Zantoch	40 Tote und 43 Verletzte	Entgleisung eines Schnellzuges
16. August 1918	bei Dümpelfeld	31 Tote und 73 Verletzte	Zusammenstoß eines Militär- und eines Personenzuges
11. September 1918	bei Schneidemühl	35 Tote und 18 Verletzte	Zusammenstoß eines Kindersonder- und eines Güterzuges
22. September 1918	bei Dresden-Neustadt	38 Tote und 118 Verletzte	Zusammenstoß zweier Schnellzüge
24. Oktober 1919	Kranowitz	34 Tote und 77 Verletzte	Zusammenstoß und Brand. [11]

nung, abgestellte Züge; nicht sichtbar, aber spürbar waren die Zugverspätungen mit dem dadurch verursachten Lokomotivmangel sowie steigende Ausfälle des Wagenraums. Reserven fehlten vollständig.

Die Steigerung der durchschnittlichen Beförderungslänge der Güter von 119 Kilometer im Jahr 1913 auf eine Entfernung von 168 Kilometern 1917 entsprach – gleiche Betriebsleistungen und gleichen Laderaum vorausgesetzt – einem Rückgang der Transportmenge auf 437 Millionen Tonnen im Jahre 1917. Mehr zu transportieren, wäre an der Kapazität der Bahnen gescheitert.

Die Eisenbahnverwaltungen reagierten auf diese Zustände mit drei Maßnahmen, die hier nur als grober Überblick genannt werden:

1. Entlastung von Verkehrsanforderungen wie Genehmigungsverfahren für die Wagenanforderungen, Verlagerung insbesondere der Kohlentransporte auf den Wasserweg, Ausschluss bestimmter Güter von der Beförderung.

2. Gesteigerte Ausnutzung der Betriebsleistungen, zum Beispiel wurde im November 1916 die Tragfähigkeit der gut erhaltenen offenen 15-Tonnen-Wagen auf 17,5 Tonnen erhöht. Bevorzugung des Güterverkehrs. Verzicht auf Vorspanndienste durch verlängerte Fahrzeiten. Einschränkung des Personenverkehrs auf Nebenbahnen.

3. Stärkung des Betriebsapparats durch Einrichtung von Zugleitungen, wie im Herbst 1912 bereits erprobt, von Oberzugleitungen am Sitz der Direktionen und im Oktober 1916 von einer Generalbetriebsleitung West in Saarbrücken, dann in Köln und im April 1917 in Essen, seit Dezember 1916 außerdem der Betriebsleitung Ost in Berlin (am 1. Juli 1917 aufgelöst, am 15. Oktober 1919 erneut eingerichtet) sowie eines Generalverkehrsamtes beim Eisenbahn-Zentralamt. Am 21. Februar 1918 wurde die Generalbetriebsleitung Süd in Frankfurt am Main – und das zum ersten Mal! – für außerpreußische Bezirke eingerichtet (1918 aufgelöst, am 20. November 1919 erneut in Würzburg[3] gebildet).

Mochte auch der Güterwagenbestand ständig angehoben werden (1913 im Staatsbahn-

---

3   und wegen des Anschlusses von Österreich Ende Juli 1938 nach München verlegt.

▲ Aus dem Direktionsgebäude der priv. Bayerischen Ostbahn waren die Eisenbahndirektion, die Reichsbahndirektion und die

Bundesbahndirektion Regensburg geworden, diese 1976 aufgelöst (1950). 2009 ist es Sitz der Oberfinanzdirektion.

Slg. Stadtarchiv Regensburg

![Auf dem Hannoverschen Bahnhof in Hamburg steht der vom Landesverein des Roten Kreuzes gestiftete Lazarettzug zur Abfahrt in Richtung Front bereit (1914)]

▲ Auf dem Hannoverschen Bahnhof in Hamburg steht der vom Landesverein des Roten Kreuzes gestiftete Lazarettzug zur Abfahrt in Richtung Front bereit (1914)
Slg. Blazek

wagenbestand 668.178, 1918 über 808.000), so waren das nur buchmäßige Bestände, denn die Heeresverwaltung beanspruchte einen erheblichen Teil, der durch Beutewagen (1920 gezählt 76.500) nur bedingt ausgeglichen werden konnte. Außerdem hatte der Schadwagenbestand katastrophale Höhen erreicht.

Schließlich verkehrte von Anfang November 1918 an nur noch jeder zehnte Personenzug, um nach dem Waffenstillstand das Heer über die Transportstraßen ungehindert zurückführen zu können. Danach blieb der Personenverkehr immer noch stark eingeschränkt (östlich der Strecke Dresden – Berlin – Stettin war

der gesamte Schnellzugverkehr eingestellt worden), weil es an Kohlen mangelte. Erst im Sommerfahrplanabschnitt 1920 kamen die Bahnen wieder auf 17 Prozent der Friedensleistungen.

Die unzuträglichen Zustände während des Ersten Weltkriegs untergruben die Moral und Disziplin der Eisenbahner, zehrten an ihrer Gesundheit. Die wegen der Einberufungen schwache Besetzung der Betriebsstellen, verlängerte Arbeitszeiten, Erschöpfung durch Unterernährung und auch mangelhafte Qualifikation des neu eingestellten Personals, aber auch die permanenten Verspätungen und an-

An der Spitze des preußischen Eisenbahnwesens in dieser dramatischen Zeit stand seit dem 11. Mai 1906 der Minister der öffentlichen Arbeiten Paul Justin von Breitenbach (1850 – 1930). Der Jurist kam 1878 zur Königlichen Direktion der Hannoverschen Staatsbahnen, war in den Direktionen Breslau, Berlin und Altona angestellt, ehe er 1896 Beauftragter des Ministers in Mainz und 1897 dort Präsident der Königlich Preußischen und Großherzoglich Hessischen Eisenbahndirektion wurde. 1903 trat er das Amt als Präsident der Eisenbahndirektion Köln an, von wo ihn Reichskanzler von Bülow 1906 zum Minister der öffentlichen Arbeiten und Chef des Reichseisenbahnamtes berief. Von Breitenbach erkannte vom Kriegsbeginn an die Nachteile der zersplitterten Eisenbahnverwaltungen.

So schlimm der Krieg für die Eisenbahnen war, mindestens so schlimm waren dessen Folgen. Nach dem Waffenstillstandsabkommen vom 11. November 1918 musste das Deutsche Reich den Staaten der Entente[4] 8000 Lokomotiven, über 13.000 Personen- und 280.000 Güterwagen abgeben. Angeblich seien es die besten bzw. leistungsfähigsten Fahrzeuge gewesen; die Empfänger bestritten das. Nach Artikel 371 des Friedensvertrages von Versailles vom 28. Juni 1919 erhielt Polen 1921 außerdem 600 Lokomotiven und 12.000 Wagen.

Große Gebietsteile gingen verloren und damit rund 8000 Kilometer Strecken, davon 1970 Kilometer in Elsaß-Lothringen an Frankreich, 4734 Kilometer in Ostpreußen, Posen, Westpreußen, Schlesien und Oberschlesien an Polen. Ostpreußen war vom Mutterland getrennt, die Züge mussten künftig durch den »polnischen Korridor« fahren. Außerdem verlor Ostpreußen am 8. August 1923 das Land nördlich der Memel an den neuen Staat Litauen. Im Süden musste der Kreis Soldau an Polen abgegeben werden. Von Westpreußen blieb im Osten ein Rest, der der Provinz Ostpreußen zugeschlagen wurde Danzig und der Weichselwerder wurden »Freie Stadt« und damit der deutschen Hoheit ent-

dere betriebliche Unregelmäßigkeiten wirkten sich auf die Zuverlässigkeit und Sicherheit der Eisenbahnen aus, so dass die betrieblichen Störungen und viele schwere Unfälle an der Tagesordnung waren. Das verdeutlicht ein Vergleich: Wurden 1914 » unverschuldet«, wie es die Statistik formuliert, jeweils innerhalb von 24 Stunden

- o 26 Reisende und 622 Eisenbahner getötet,
- o 331 Reisende und 1167 Eisenbahner verletzt, so wurden 1918
- o 267 Reisende und 1011 Eisenbahner getötet,
- o 1321 Reisende und 1590 Eisenbahner verletzt.

---

4 Bündnis von Frankreich, England und Russland

zogen. Die Eisenbahndirektionen Bromberg, Danzig und Posen wurden am 10. Januar 1920 aufgelöst. Was an Strecken in der Grenzmark Posen–Westpreußen übrig blieb, gehörte nun zur neuen »Reichsbahndirektion Osten«.

Schlimm wogen die durch den Krieg verursachten Zustände der vernachlässigten Anlagen und Fahrzeuge im Eisenbahnwesen und die sozialen Folgen wie unqualifizierte und gesundheitlich geschwächte Eisenbahner, der Personalüberschuss infolge des demobilisierten Militärs, das bevorzugt bei den Bahnen unterkam, die allgemeine Verteuerung des Materials und der Stoffe, die angehobenen Löhne und der übereilt eingeführte Achtstundentag.

Die Länder, die sonst eifersüchtig über ihr Eigentum wachten, waren froh, wenn die Eisenbahnen an das Reich übergingen. Was Reichskanzler Bismarck und der Verkehrsminister Maybach immer gewünscht hatten, aber unerfüllt blieb, die Verreichlichung der einzelnen Staatsbahnen in den Ländern, jetzt wurde sie möglich!

Nachdem am 9. November 1918 in Berlin die Republik ausgerufen wurde, Kaiser Wilhelm II. abdankte und im holländischen Exil verschwand, begann die Staatsführung, neue Strukturen zu bilden. Reichskanzler Prinz Max von Baden (1867 – 1929) übertrug dem Vorsitzenden der SPD und späteren Reichspräsidenten Friedrich Ebert (1871 – 1925) die Regierung, und der beauftragte den Zentrumsabgeordneten Johannes Bell (1868 – 1949), ein Reichsverkehrsministerium zu bilden.

Der bisherige preußische Minister von Breitenbach lehnte es ab, der neuen Regierung zu dienen, zumal er ein scharfer Gegner der Sozialdemokratischen Partei (SPD) war und während des Krieges zornig sah, wie diese Partei unter den Eisenbahnern Einfluss gewann. Er trat am 5. Oktober 1918 zurück.

▲ Als die Eisenbahn noch ein Gesicht hatte, standen die Beamten neben dem Kurbelwerk von Krauss stramm (um 1900).

Slg. DB-Museum

Eisenbahner als Staatssekretär

Der für das gesamte Reich zuständige Minister Bell hatte keine Ahnung vom Verkehrswesen oder gar von der Eisenbahn. Wichtig war in solchem Fall, dass ihm ein fachkundiger Staatssekretär als Stellvertreter zur Seite stand. Karl Stieler (1864 – 1960) nahm diese Stelle ein, ein Eisenbahner, bisher Präsident der Generaldirektion der Königlich Württembergischen Staatsbahnen.

Stieler stellte dann auch ungeachtet des Widerstands in Preußen, Bayern und Sachsen die Weichen für die Gründung der »Reichseisenbahnen«, wie sie auch in der Weimarer Verfassung vorgesehen war. Der am 18. November 1918 vom preußischen Minister der öffentlichen Arbeiten zunächst in den Werkstätten angeordnete Achtstundentag – bzw. für Beamte die Verkürzung der bisherigen Arbeitszeit um eine Stunde –, war das Thema der Nachkriegszeit und wurde öfter als das Übel für den Niedergang der Eisenbahn benannt. Außerdem machte sich eine »allgemeine Abnahme der Arbeitslust« bemerkbar als Folge der körperlichen und seelischen Überanstrengungen während des Krieges. Auch die Wohnungsnot machte der Bevölkerung und mit ihr den Eisenbahnern zu schaffen.

Die Bahnverwaltungen mussten mit Personalvermehrung, zum Beispiel in Preußen auf Bahnhöfen der III. und IV. Klasse um rund 25 Prozent, sowie sozialen Maßnahmen reagieren. Sie förderten den Kleingartenbau und die Kleintierzucht, um die Ernährung zu verbessern, boten als Hausbrandversorgung verbilligte Dienstkohlen an.

Ein besonderes Problem war die Fürsorge und Beschäftigung der fast 20.000 kriegsbeschädigten Eisenbahner (Verstümmelung, Erblindung, Erkrankung) für deren Betreuung eigene Organisationen ins Leben gerufen wurden, um ihnen Verpflegungszuschüsse zu gewähren und sie in Lehrwerkstätten für andere Tätigkeiten anzulernen.

Schließlich gewährten die Bahnen auch anderen Kriegsbeschädigten sowie Arbeitslosen bei der Reise zum Facharzt bzw. zum neuen Beschäftigungsort eine Freifahrt oder erhebliche Fahrpreisermäßigungen. All das trug gewiss nicht zur wirtschaftlichen Gesundung der durch den Krieg gebeutelten Eisenbahnen bei, sondern beschleunigte den Drang der Länder, ihre Eisenbahn der Reichsverwaltung zu übergeben. Sie brachten ihre Strecken ein und stundeten die Übernahmepreise:

Land	Strecken [km]	Preis [Millionen Reichsmark]
Preußen	34.443	29.060
Bayern	8526	3688
Sachsen	3370	2260
Baden	1899	1543
Württemberg	2156	1391
Hessen	1307	685
Mecklenburg	1177	203
Oldenburg	681	235 [13]

Was sonst noch geschah:	
1913	Die längste deutsche Eisenbahnbrücke (2485 Meter) bei Rendsburg über den Kaiser-Wilhelm-(Nord-Ostsee-) Kanal wird übergeben.
1915	Der Leipziger Hauptbahnhof wird eröffnet. Sein Empfangsgebäude ist das größte in Deutschland.
24. November 1916	Die Mitteleuropäische Schlaf- und Speisewagen-Aktiengesellschaft (MITROPA) wird gegründet.
1918	Die nach Kunze und Knorr entwickelte Güterzugbremse wird eingeführt.
17. März 1920	Der Kapp-Putsch bricht durch einen Generalstreik zusammen, seit dem 14. März ruht der gesamte Personenverkehr, in Berlin und im Umkreis der Hauptstadt auch ein großer Teil des Güterverkehrs.

5 Die Deutsche Reichsbahn 1920 bis 1945

Zwischen Glanz und Schande

▲ Zwischen Dresden Hbf und Tharandt schlängelt sich ein Personenzug mit Lokomotive 93 958 durch den Plauenschen Grund.

Mit dem Waffenstillstand von 1918 und dem Versailler Vertrag nach dem Ersten Weltkrieg gingen Gebiete von Nordschleswig, Danzig, Westpreußen, Posen, das Memelland, die »Reichslande Elsaß und Lothringen«
samt insgesamt 7868 Kilometer Strecken verloren. Und:

Besonders Preußen war betroffen. Das Deutsche Reich musste auch zu den abgetretenen Strecken anteilig Lokomotiven und Wagen abgeben. Die komplizierten Vorgänge bei der Eisenbahn während jener Zeit zwischen Krieg und Frieden

hat Ralf Roman Rossberg später analysiert. [13] Unmittelbar nach dem Waffenstillstand am 11. November 1918 begann die Bildung neuer Strukturen in der Staatsführung. Vorausgegangen waren die Ausrufung der Republik in Berlin am 9. November 1918 sowie einen Tag darauf die Abdankung von Kaiser Wilhelm II. als Staatsoberhaupt und die Übertragung der Regierungsgeschäfte auf den sozialdemokratischen Spitzenpolitiker Friedrich Ebert durch den bisherigen Reichskanzler, Prinz Max von Baden. Der Zentrumsabgeordnete Dr. Johannes Bell (1868 – 1949) wurde am 21. Juni 1919 beauf-

▲ Der Reichsbahnadler von 1923 ging auf den Entwurf des Gebrauchsgrafikers Otto Firle zurück.   *Slg. Reiner Preuß*

▲ Reichsminister Rudolf Oeser war von 1924 bis 1926 zugleich Generaldirektor der Deutschen Reichsbahn.   *Slg. DB-Museum*

tragt, ein Reichsverkehrsministerium zu bilden. Als Politiker fehlten ihm nähere Beziehungen zum Verkehrswesen und gar zur Eisenbahn. Diese Lücke glich sein Stellvertreter, Staatssekretär Karl Stieler (1864 – 1960), aus, denn der war »Eisenbahner«: bisher Präsident der Generaldirektion der Kgl. Württembergischen Staatsbahnen.

Die Verhältnisse nach dem verlorenen Krieg ließen kaum eine andere Wahl als einen Zusammenschluss der bis dahin eigenständigen Ländereisenbahnen zu einer einheitlichen Reichseisenbahn, zumal dieses Ziel bereits die am 11. August 1919 verabschiedete Weimarer Verfassung enthielt, mochten sich noch die großen »Bundesländer mit Staatsbahnbesitz« – Preußen, Bayern und Sachsen – widersetzen. Stieler begegnete dem Eigensinn mit Kompetenz, Geschick, Ausdauer und nicht zuletzt mit seiner Überzeugung, wie notwendig eine starke Reichseisenbahn sei. So brachte er den Staatsvertrag zur Übertragung der Länderbahnen auf das Reich in verhältnismäßig kurzer Zeit unter Dach und Fach: Am 1. Mai

Von Elsaß-Lothringen an Frankreich [km]	1970
Von den Pfalzbahnen an Frankreich	11
Von Elsaß-Lothringen, im Saarland gelegen, an den Völkerbund	45
Von den Wilhelm-Luxemburgischen Bahnen an Frankreich	196
Vom Saargebiet an den Völkerbund	387
Von Eupen-Malmedy-Monschau an Belgien	154
Von Schleswig an Dänemark	254
Von Danzig an Polen	145
Von Ost-, Westpreußen, Posen, Schlesien und Oberschlesien (ohne Abstimmungsgebiet)an Polen	4115
Vom Abstimmungsgebiet Oberschlesien[1]	619
Von Memel an Litauen	137
Von Hultschin an die Tschechoslowakei	31
[12, S. 35]	

1   Ungeachtet der Volksabstimmung am 20. März 1921, bei der sich 60 Prozent beim Verbleib im Deutschen Reich entschieden, teilte der Völkerbund am 20. Oktober Oberschlesien auf und zwei Drittel des Industrierevieres Polen zu.

▲ Ein deutscher Panzerzug und Soldaten der aus der Bevölkerung gebildeten Selbstschutzeinheit in Oppeln (Opole). Sie sollen beim dritten polnischen Aufstand eingesetzt werden (1921). *Süddeutsche Zeitung Photo*

1920 trat er – rückwirkend zum 1. April 1920 – in Kraft, ein Jahr früher als von der Verfassung verlangt. Am selben Tag gab Dr. Bell sein Amt als Verkehrsminister auf, Nachfolger wurde vom 1. Mai an für nur wenige Wochen Gustav Bauer. Stieler blieb bis 1923 Staatssekretär[2]; er bildete die fachliche Säule. Daneben hatte Rudolf Oeser (1858 – 1926) erhebliches Gewicht als preußischer Minister der öffentlichen Arbeiten und damit oberster Leiter der immer noch weitaus größten Länderbahn. Bayerns Verkehrsminister Heinrich Ritter von Frauendorfer (1855 – 1921) wurde Staatssekretär im Reichsverkehrsministerium und übernahm die Leitung von dessen Zweigstelle München. Diese vier Persönlichkeiten bildeten im Jahre 1920 gewissermaßen die Schnittstelle zwischen vergangener und künftiger Unternehmensgeschichte der deutschen Eisenbahnen.

---

2   Er schied wegen seiner Gesundheit aus; ihm folgte am 13. Dezember 1923 der bisherige Präsident der Reichsbahndirektion Breslau, Johannes Vogt, nach.

Zweigstellen des Reichsverkehrsministeriums

Den Wünschen nach Eigenständigkeit entsprach dann auch der Staatsvertrag mit Bayern, dem eine Zweigstelle des Reichsverkehrsministeriums, später Gruppenverwaltung genannt, zugebilligt wurde. Auch Baden, Sachsen und Württemberg erhielten solche Zweigstellen, die nichts weiter als künftige Reichsbahndirektionen waren.

Oeser löste in den verlorenen Gebieten die Eisenbahndirektionen in Bromberg, Danzig und Posen auf. Ein Teil der verbliebenen Strecken kam zur Eisenbahndirektion Königsberg (Ostpr), der andere zur neuen Eisenbahndirektion Osten in Berlin. Am Gründungstag der Reichseisenbahnen, dem 1. April 1920, musste wegen der Abtretung des Saargebiets (siehe 6. Abschnitt) die Eisenbahndirektion Saabrücken nach Trier verlegt werden.

Berufen und abgetreten: die Reichsverkehrsminister 1920 – 1945

Amtszeit	Name	Bemerkungen
1918 – 30. 4. 1920	Johannes Bell	
1. 5. 1920 – 22. 6. 1920	Gustav Bauer	
25. 6. 1920 – 1. 8. 1923	Wilhelm Groener	
13. 8. 1923 – 10. 1. 1925	Rudolf Oeser	27. 9. 1924 – 4. 6. 1926 DR-Generaldirektor
19. 1. 1925 – 29. 1. 1927	Rudolf Krohne	bereits seit 10. 1924 auftragsweise
31. 1. 1927 – 29. 6. 1929	Koch	
30. 6. 1928 – 12. 4. 1929	von Guérard	gleichzeitig mit der Wahrnehmung der Geschäfte des Reichsministers für die besetzten Gebiete beauftragt
13. 4. 1929 – 29. 3. 1930	Stegerwald	
30. 3. 1930 – 1931	von Guérard	
1931 – 5. 1932	Gottlieb Reinhold Treviranis	
2. 6. 1932 – 1. 2. 1937	Paul Freiherr von Eltz-Rübenach	zugleich Reichspostminister
12. 2. 1937 – 1945	Julius Dorpmüller	zugleich DR-Generaldirektor

Das erste Rechnungsjahr der Reichseisenbahnen schloss mit 33,6 Milliarden Mark Ausgaben gegenüber 18 Milliarden Mark Einnahmen ab, eine Differenz, die der darniederliegenden Wirtschaft, den drastischen Preissteigerungen, den Investitionen für Lokomotiven und Wagen, der Ausrüstung der Güterwagen mit der Druckluftbremse und den gestiegenen Lohnkosten geschuldet war. Infolge des überstürzt eingeführten Achtstundentages war der Personalbestand von 741.082 im Jahr 1913

Personalbestand der Deutschen Reichsbahn bzw. -Gesellschaft

Jahr	Gesamt-personal	davon zeitweise beschäftigt	Köpfe je 1.000 Zugkilometer
1930	645.000	232.000	1,01
1931	628.105		1,00
1932	562.938		1,08
1933	614.000	52.000	1,09
1934	637.000		1,04
1935	658.000	davon 12.000 der Saarbahnen	1,10
1936	663.300	11.000 Frontkämpfer eingestellt	0,85
1937	703.500	32.000	0,85
1938	773.200[1]	37.000	0,73
1939	971.681[2]		1,03
1940	1.145.600[3]		1,25

1 darunter 296.000 Beamte des »Altreichs«
2 laut »Die Reichsbahn« 18/19/1940, laut »Blaubuch« 958.000.
3 Zunahme durch die Abordnungen von Eisenbahnern nach Osten und nach Westen sowie die zusätzlichen Verkehrsaufgaben in Eupen-Malmedy, Elsaß, Lothringen, Luxemburg und ständig anwachsendem Verkehr.

▲ Die Reichsbahndirektion Kattowitz musste aufgegeben, stattdessen für das oberschlesische Netz ein neuer Direktionssitz in Oppeln (Opole) eingenommen werden.   *Slg. Gottwald*

auf 1.048.422 »Köpfe« Ende 1921 angestiegen. Nach dem Ermächtigungsgesetz vom 13. Oktober 1923 begann die Deutsche Reichsbahn mit Entlassungen von mehr als 300.000 Eisenbahnern. Vorläufig endete der Personalabbau im August 1925 bei einem Bestand von 727.000 »Köpfen«.

Am 13. August 1923 löste Reichsinnenminister Rudolf Oeser den mit dem Kabinett Cuno zurückgetretenen Reichsverkehrsminister Wilhelm Groener (1867 – 1939) ab, der dieses Amt seit dem 25. Juni 1920 bekleidet hatte. Groener war während des Ersten Weltkriegs Chef des Feldeisenbahnwesens gewesen und von 1918 an Erster Generalquartiermeister. Groener hatte auch per Erlass am 27. Juni 1921 die Bezeichnung »Deutsche Reichsbahn« eingeführt. Oeser sollte 1924 erster Generaldirektor der neu gegründeten Deutschen Reichsbahn-Gesellschaft werden (s.u.).

Die folgenden Jahre und Jahrzehnte brachten der deutschen Staatsbahn eine bewegte Zeit mit Ergebnissen, die ihr hohes Ansehen im Ausland und große Bewunderung unter vielen Bürgern verschaffte, andererseits aber nie die Anerkennung und Förderung durch den Staat, die sie eigentlich verdient hätte.

Die Reichsbahn und der Dawes-Plan

Ein großer, auch wirtschaftlicher Einschnitt war die Besetzung des Ruhrgebietes am 11. Januar 1923 und die sogenannte belgisch-französische Eisenbahnregie im besetzten Gebiet. Der passive Widerstand der Eisenbahner nach dem Aufruf der Reichsregierung vom 19. Januar 1923 (»Keine Kohlen und keinen Koks nach Frankreich und Belgien!«) dauerte bis zum 26. September, worauf die Besatzer mit der Ausweisung von 85.231 Menschen, darunter die Familien der Eisenbahner, und der Verhaftung von 841 Eisenbahnern reagierten. Erst am 16. November 1924 kamen nach der Annahme des sogenannten Dawes-Plans[3] die »Regiestrecken« mit teilweise zerstörten und verwahrlosten Anlagen wieder zur Reichsbahn.[4]

Mit der Annahme des Dawes-Planes verpfändete das Deutsche Reich seine Staatsbahn, um mit deren Gewinnen die im Versailler Vertrag festgelegten Reparationszahlungen zu begleichen. Damit die Reichsbahn nicht weiter am Defizit des Staatshaushalts beteiligt war, wurde sie am 15. November 1923 von der allgemeinen Reichsfinanzverwaltung abgetrennt und dafür am 12. Februar 1924 die Verordnung über die Schaffung des selbstständigen wirtschaftlichen und privatrechtlich organisierten Unternehmens »Deutsche Reichsbahn« erlassen.

Seit dem 11. Oktober 1924 wickelte die DRG den Betrieb ab. Schon im Geschäftsjahr 1924/25 musste das junge Unternehmen einen Gewinn von 330 Millionen Reichsmark an die »Bank für Internationalen Zahlungsausgleich« in Basel überweisen. Bis 1927/28 wuchs diese Summe auf 660 Millionen Reichsmark. Erst im Jahr 1966 sollten diese Reparationszahlungen enden.

Minister und Generaldirektor

Seit 3. April 1924 war zunächst der Reichsverkehrsminister gleichzeitig Generaldirektor der Deutschen Reichsbahn. Am 30. August 1924 traten das Reichsbahngesetz und die Satzung der privatrechtlich organisierten Gesellschaft in Kraft. Am 11. Oktober ging das Betriebsrecht an den Reichseisenbahnen auf die »Deutsche Reichsbahn-Gesellschaft« (DRG) über; erster Generaldirektor war Rudolf Oeser.

Vielen erscheint dieser Tag als der Geburtstag der Reichsbahn. Dabei handelte es sich um einen juristischen und fiskalischen Schachzug, der am Faktischen, der Vereinigung der Länderbahnen unter einheitlicher Reichsverwaltung und ihr Übergang in die Hoheit des Deutschen Reiches, nichts änderte. Das Geburtsjahr der Deutschen Reichsbahn ist nicht 1924, ihr Geburtstag ist der 1. April 1920. Dass, wie zuvor erwähnt, die »Reichseisenbahnen« per Erlass 1921 zur »Deutschen Reichsbahn« umbenannt wurden, ist in diesem Zusammenhang unerheblich.

---

3 Der USA-Finanzmann Charles Gates Dawes (1865 – 1951) war Vorsitzender der von der Reparationskommission eingesetzten Sachverständigenkommission.
4 Auch die von den Franzosen für Übungen benutzte Strecke Trier – Hermeskeil wurde übergeben.

Prüfung der Wirtschaftlichkeit

Das als Deutsche Reichsbahn-Gesellschaft (DRG) auf eigene Füße gestellte Unternehmen durchleuchtete seinen Betrieb eingehend und wusste somit genau, welche Betriebszweige Zuschüsse erforderten und welche Überschüsse abwarfen. Aus der Monopolstellung als Hauptverkehrsträger zog die Reichsbahn keinen kaufmännischen Nutzen, denn bereits in den zwanziger Jahren erhielt sie die Auflage, ohne Rücksicht auf die Selbstkosten fast zwei Drittel der Reisenden zu irgendeinem ermäßigten Tarif zu befördern. Nur ein Drittel der Reisenden fuhr zum vollen Preis. Der Haupt-anteil an den ermäßigten Fahrten fiel auf den Berufsverkehr. Von etwa 2 Milliarden Reisenden im Jahr 1925 waren 850 Millionen Reisende des Berufsverkehrs.

Im Jahr 1927 (in Klammern Vergleichszahlen von 1913; die Grenzen von 1927 sind berücksichtigt) reisten 1909 Millionen (1577 Millionen) Personen, davon fast 64 Millionen (über 50 Millionen) in der 4. Wagenklasse, und wurden 489 Millionen (467 Millionen) Tonnen Güter transportiert. Der Reichsbahn gelang es, bis zur Weltwirtschaftskrise über die Reparationen hinaus beachtliche finanzielle Ergebnisse zu erwirtschaften, doch fehlten ihr die Mittel für die Instandhaltung und die Ersatzinvestitionen.

Die Reichsbahndirektionen 1920 – 1945

Name	Hauptbahnen [km]	Nebenbahnen [km]	Bemerkungen, z. B. Geschäftsführende Direktionen für die EAW/Raw
Altona	1243,72	575,89	EAW Altona, Hannover, Münster, Oldenburg, Schwerin
Augsburg	792,04	492,43	
Berlin	669,09	138,23	EAW Berlin, Osten, Stettin
Breslau	1580,28	1054,75	EAW Breslau, Oppeln
Dresden	1557,09	1847,94	EAW Dresden, Erfurt, Halle, Magdeburg
Elberfeld	804,55	749,58	
Erfurt	987,67	1048,20	
Essen	1176,32	82,36	
Frankfurt (Main)	1018,56	1025,03	
Halle (Saale)	1575,09	545,16	
Hannover	1424,91	1028,05	
Karlsruhe	1578,81	291,82	EAW Karlsruhe
Kassel	1155,03	956,25	EAW Kassel, Frankfurt (Main), Mainz
Köln	1078,25	602,88	EAW Elberfeld in Opladen, Essen, Köln, Trier
Königsberg (Pr)	1056,72	2139,68	EAW Königsberg
Ludwigshafen (Rhein)	558,66	315,61	am 31. März 1937 aufgelöst
Magdeburg	1245,09	495,03	am 1. Oktober 1931 aufgelöst
Mainz	887,54	247,24	
München	993,14	713,00	Maschinenkonstruktionsamt bei der Gruppenverwaltung Bayern für die Rbd Augsburg, Ludwigshafen, München, Nürnberg, Regensburg; die Gruppenverwaltung und ihre Ämter wurden bis zum 31. Dezember 1933 aufgelöst.
Münster (Westf)	962,77	603,45	
Nürnberg	759,56	833,81	
Oldenburg	319,30	379,25	zum 31. Dezember 1934 aufgelöst

Name	Hauptbahnen [km]	Nebenbahnen [km]	Bemerkungen, z. B. Geschäftsführende Direktionen für die EAW/Raw
Oppeln[5]	687,83	310,79	
Osten[6]	1058,65	1247,35	
Regensburg	875,29	862,66	
Saarbrücken			von 1937 an, Streckenlänge: 1.523,77 km; vom 3. 9. 1939 bis 20. 7. 1940 in Koblenz
Schwerin	456,60	731,35	
Stettin	1207,39	1791,06	
Stuttgart	1626,25	575,94	EAW Stuttgart
Trier	413,03	689,08	1937 zu Saarbrücken
Würzburg	736,12	492,77	am 31. März 1930 aufgelöst

Bezeichnung	Tag der Einrichtung		
Reichsbahnbaudirektion			
Berlin	1. Juli 1937		
Reichsbahnbaudirektion			
München	1. Januar 1938		

Weitere Reichsbahndirektionen im Zusammenhang mit dem »Anschluss« Österreichs und nach Beginn des Zweiten Weltkriegs:			
Name	Einrichtung oder Auflösung		
Innsbruck	15. Juli 1938 aufgelöst		
Posen	24. September 1939		
Danzig	1. November 1939		auch für die Strecken in Westpreußen

Seit 1939 auch Generaldirektion der Ostbahn in Krakau mit den Direktionen Krakau, Lublin, Radom und Warschau

1 EAW = Eisenbahn-Ausbesserungswerk, Raw = Reichsbahnausbesserungswerk.
2 seit 1. April 1937 Hamburg
3 Nach Übernahme der sudetendeutschen Eisenbahnen in der Tschechoslowakei wurde 1938 das Streckennetz vergrößert.
4 Am 1. September 1930 in Wuppertal umbenannt
5 Besaß für 62,85 Kilometer schmalspurige Strecken ein Schmalspurbahnamt in Beuthen (Oberschles.).
6 in Berlin, seit 12. September 1923 in Frankfurt b(Oder)
7 Es blieben die vormaligen ÖBB-Direktionen als Reichsbahndirektionen in Wien, Linz unhd Villach

Mit dem Tod Rudolf Oesers am 3. Juni 1926 endete vorerst die Personalunion von Ministeramt und Generaldirektorsposten. Oesers Stellvertreter, Julius Dorpmüller (1869 – 1945), wurde bereits am 4. Juni zum neuen Generaldirektor der Reichsbahn ernannt. Auf seinen Lebenslauf soll wegen der umfangreichen Literatur über ihn[5] nicht eingegangen werden. Nur so viel: Viele nannten, auch noch Jahrzehnte nach dem Kriege, berechtigt oder nicht, Dorpmüller in einem Atemzug mit der Reichsbahn oder umgekehrt. Kein Wunder, denn er war »omnipräsent«, und heute fragt sich mancher, ob und wie er die vielen auf sich vereinten Ämter überhaupt ausführen konnte. In der Ära Dorpmüller glänzte die Reichsbahn mit einer Vielzahl beachtlicher Leistungen und Neuerungen wie dem Einbau der Kunze-Knorr-Druckluftbremse in die Güterwagen bis 1926. Dadurch entfiel die Handbremsbedienung von Güterzügen.

Beim Neubau und bei der planmäßigen Erneuerung des Oberbaus wurde nur noch der sogenannte Reichsbahn-Oberbau K (benannt nach dem Oberbaureferenten Kurth) mit 30 Meter langen Schienen S 49 (= 49 kg/lfd m) ange-

5 Zum Beispiel: Gottwaldt: Dorpmüllers Reichsbahn, Freiburg 2009

▲ Hamburg Hbf (1934): Zwei legendäre Triebwagen stehen am Bahnsteig 3, der dieselelektrische »Fliegende Hamburger« der DRG und der neue Dampftriebwagen der Lübeck-Büchener Eisenbahn mit der Betriebsnummer 2000. *Süddeutsche Zeitung Photo*

▲ Bestauntes Unikum der Eisenbahnausstellung auf dem neuen Verschiebebahnhof Seddin, die von der AEG gebaute Turbinenlokomotive T 18 1001 (1924).

wandt. Zwischen 1929 und 1932 waren verlegt worden: 5531 Kilometer Reichsbahnoberbau B (B = badische Anordnung), 139 Kilometer Reichsbahnoberbau O (O = Oldenburger Querrippenoberbau) und 14.179 Kilometer des neuen Reichsbahnoberbaus K, dessen Entwicklung erst 1928 abgeschlossen worden war.

Keine einheitlichen Signale

Die Leitung der Deutschen Reichsbahn hatte auch das unterschiedliche Niveau der ehemaligen Länderbahnen insbesondere in der Signal- und Sicherungstechnik anzugleichen bzw. anzuheben. Nachdem es zu zahlreichen schwerwiegenden Unfällen gekommen war, fand am 1. August 1928 in Berlin unter Vorsitz des Reichsverkehrsministers, Theodor von Guérard (1863 – 1943), und bei Beteiligung des DRG-Generaldirektors Dorpmüller eine parlamentarische Besprechung statt, nach der ein »Arbeitsausschuß zur Untersuchung der Betriebssicherheit der Deutschen Reichsbahn« gebildet wurde. [19] Dieser Ausschuss tagte in Coburg, bereiste einige Strecken und Bahnhöfe und gab bereits im September 1928 eine Denkschrift heraus. In ihr wird erklärt, dass »der Zustand des technischen Apparates sowohl bei den baulichen Anlagen als auch bei den Fahrzeugen und Sicherungsanlagen im allgemeinen einwandfrei ist. Mängel und Fehler an einzelnen Stellen eines so großen Unternehmens, wie es die Reichsbahn darstellt, sind freilich nicht völlig zu vermeiden.«

Aus der Denkschrift geht aber auch hervor, dass die Betriebsverfahren, selbst die Dienstplangestaltung in den Ländern unterschiedlich sind, dass besonders die Verschiedenartigkeit der Signale und Merktafeln sowie deren Häufung den Lokomotivführern, die weite Strecken befahren, Schwierigkeiten bereitet. Die Vereinheitlichung sowie die Überarbeitung der Fahrdienstvorschriften und des Signalbuchs wurde als dringend erachtet. Diese Aufgaben waren übrigens den beiden deutschen Bahnverwaltungen bzw. der Deutsche Bahn nach 1990 erneut gestellt.

Der Young-Plan ersetzt den Dawes-Plan

Die Weltwirtschaftskrise, die im Jahr 1929 begann, wirkte sich erheblich auf die Einnahmen der DRG aus. Ihre Einnahmen sanken von 5,19 Milliarden Reichsmark 1929 auf 2,93 Milliarden Reichsmark 1932. Da die DRG nicht mehr ihren Zahlungsverpflichtungen, wie sie der Da-

wes-Plan vorsah, nachkommen konnte, wurde auf der 2. Haager Konferenz (03.–20.01.1930) der Young-Plan – benannt nach dem Präsidenten der Sachverständigenkommission Owen P. Young (1874–1962) – verabschiedet. Die Zahlungsverpflichtungen der DRG ersetzte eine so genannte »Reparationssteuer«. Nichtsdestoweniger wurden die Zahlungen am 1. Juli 1931 eingestellt.[6]

Die Reichsbahn bringt den Fortschritt

Fortschritte der deutschen Eisenbahnen waren – auf eine chronologische Reihenfolge wurde bewusst verzichtet – auch die Dampflokomotiven der Einheitsbauarten und die Dieselschnelltriebwagen für den Fernverkehr bzw. die Eröffnung des Schnelltriebwagenverkehrs mit den »Fliegenden Zügen« am 1. Juli 1935, die Anhebung der zulässigen Geschwindigkeiten bis auf 160 km/h, so dass im Sommer 1937 der Dieselschnelltriebwagen Berlin – Hannover auf 132,6 km/h

6 Am 9. Juli 1932 wurde in Lausanne ein Abkommen geschlossen, das die Reparationszahlungen beendete. Bis 1932 hatte Deutschland einschließlich der Sachleistungen über 53 Milliarden Goldmark aufgebracht.

▲ Sondershausen, nicht einmal ein großer Bahnhof im Thüringer Kaligebiet, aber fast alle Gleise sind belegt (nach 1925). *Slg. Bildarchiv Röttig*

▲ Als man sich noch viel Personal leisten konnte: Fünf Stellwerke sieht man mit einem Blick nach dem Umbau des Verschiebebahnhofs Magdeburg-Buckau (1930)

Historische Sammlung der DB

Reisegeschwindigkeit kam und der dampflokbespannte Zug Berlin – Hamburg auf 119,5 km/h, die Inbetriebnahme des »Rheingold-Express« mit Pullman-Wagen am 15. Mai 1928 zwischen Hoek van Holland und Basel, die elektrischen S-Bahnen in Berlin und Hamburg, die Weiterführung der Fernbahn-Elektrifizierung und der Zugsicherungstechnik sowie die Mechanisierung und Automatisierung der Rangierbahnhöfe, für den Rangierdienst die Kleinlokomotiven, die Vereinheitlichung der Vorschriften, die neuen Signale wie die Lichtsignale, von 1926 an die Vorsignalbaken, von 1933 an der Versuch mit dreibegriffigen Vorsignalen auf der Strecke Berlin – Hamburg[7], das im selben Jahr eingeführte Ersatzsignal und moderne Stellwerke, darunter 1925 auf dem Verschiebebahnhof Hamm (Westf) das Ablauf-Tischhebel-Stellwerk »Hvw« mit elektrohydraulischer Gleisbremse und Schaltspeicher, ein Vorläufer der Gleisbildstellwerke, sowie das Fließtaktverfahren in den Ausbesserungswerken, schließlich der Bau einer Anzahl von Bahnhofs- und Dienstgebäuden (darunter

am 4. November 1936 Düsseldorf Hbf, aber auch Stralsund Rügendamm, Bad Reichenhall, Freilassing, Berchtesgaden Hbf), von Bahnhofshotels (Beuthen und Stuttgart Hbf) sowie von schmucken Eisenbahnersiedlungen.

Die Reichsbahn bewegt die Massen

Legendär wurde die perfekte Organisation der Reichsbahn bei Massenveranstaltungen, die ihr Betriebsergebnis aber kaum verbesserten. 1932 waren es eine Million Menschen, die mit dem Zug zur Ausstellung des Heiligen Rocks in Trier fuhren, 250.000 Teilnehmer innerhalb von 2 – 3 Tagen zum Stuttgarter Turnerfest, 335.000 Nationalsozialisten innerhalb von 2 – 3 Tagen zum Parteitag der NSDAP in Nürnberg. Zu den folgenden Parteitagen steigerten sich die Transportleistungen der Reichsbahn:
1934 waren es 515 Sonderzüge mit 500.000 Nationalsozialisten;
1935 rund 850.000 Menschen in 532 Sonder- und Regelzügen;

---

7 Das einflüglige Dreibegriffhauptsignal, 1937 zwischen Berlin und Hamburg erprobt, wurde nicht eingeführt.

▲ Mitten in der Stadt lag der inzwischen abgeräumte Rangierbahnhof Köln-Gereon.   *Slg. Reinshagen*

1936 allein 1213 Sonderzüge;

1937 sogar 3041 Sonderzüge;

1938 nur noch 662 Sonderzüge und 1939 wurde der Parteitag trotz fast beendeter Vorbereitung abgesagt. Ebenfalls 1932 brachte die DRG 200.000 Teilnehmer zur Saarkundgebung am Niederwalddenkmal, darunter 28 Sonderzüge über die Rhein-Nahe-Bahn, sowie zum Reichsbauerntag in Hameln.

Das Unternehmen ergriff auch vielerlei Schritte, um gegenüber dem Kraftwagen sowohl im Personen- als auch im Güterverkehr bestehen zu können. Dazu gehörten neben neuartiger Werbung Ausnahmetarife, der Straßenroller (»Culemeyer«), der erstmals am 27. April 1933 auf dem Anhalter Güterbahnhof in Berlin vorgeführt wurde, die Behälter, die bahneigene Spedition Schenker, ein modernes Rechnungswesen, aber auch eine Reihe von Fahrpreisermäßigungen sowie Sonderzüge zu beliebten Ausflugszielen. Kundendienst war der Reichsbahn keineswegs fremd. Die Beamten wussten, woran dem Reisepublikum gelegen war: an ausreichender und

bequemer Verkehrsbedienung. Man nahm dann auch zusätzliche Kosten und betriebliche Erschwernisse in Kauf, zum Beispiel die Kurswagen für viele Direktverbindungen.

Das sieht man deutlich an der Zugbildung des D 116 Breslau – Saarbrücken 1931. [17] Dieser Zug bot während seiner Fahrt zehn unterschiedliche Zusammensetzungen; obendrein musste er viermal, in Dresden Hbf, Bamberg, Würzburg und Ludwigshafen, wenden (siehe Tabelle S. 72).

Nachdem die Folgen der Weltwirtschaftskrise in Deutschland immer stärker zu spüren waren, fiel es der Nationalsozialistischen Deutschen Arbeiterpartei (NSDAP) leicht, in der Bevölkerung Fuß zu fassen. Schließlich ernannte der Reichspräsident Paul von Hindenburg Adolf Hitler zum Reichskanzler. Dieser Vorgang, den die Nationalsozialisten später gerne als »Machtergreifung« bezeichneten war in Wahrheit nichts anderes als eine Übergabe der Macht.

Im Kabinett des Reichskanzlers Adolf Hitler vom 30. Januar 1933 war der Post- und Verkehrsminister von 1922 an, Paul Freiherr von Eltz-Rü-

▲ Sie prägten das Bild von der modernen Reichsbahn, die Einheits- und die Schnellzuglokomotiven

▲ Auf dem Bahnhof Stade werden Äpfel aus der Marsch verladen; der Lkw ist hier noch nicht der Konkurrent (um 1930).

Slg. Stadtmuseum Stade

Zugbildung des D 116 Breslau – Saarbrücken

nach [17]

Lfd. Nummer	Laufweg	Wagengattung
1	Breslau – Saarbrücken	1 BC, 1 C
2	(Beuthen –) Breslau – Dresden-Neustadt – (Frankfurt [Main])	1 ABC
3	Breslau – Dresden-Neustadt (– Frankfurt [Main])	1 BC
4	Breslau – Neuenmarkt-Wirsberg (– Stuttgart)	1 BC
5	Breslau – Hof (– München)	1 ABC
6	Breslau – Dresden Hbf	Speisewagen
7	Dresden Hbf – Hof (– München)	1 ABC
8	(Berlin –) Hof – Neuenmarkt-Wirsberg (– Stuttgart)	1 BC
9	(Berlin –) Hof – Neuenmarkt-Wirsberg (– Nürnberg)	Schlafwagen
10	(Bad Kissingen –) Schweinfurt – Ludwigshafen	1 BC
12	Würzburg – Kaiserslautern	Speisewagen
13	(Frankfurt [Main] –) Ludwigshafen – Saarbrücken	1 BC
14	Breslau – Dresden Hbf	1 Post
15	Breslau – Dresden Hbf	1 Pw
16	Dresden Hbf – Neuenmarkt-Wirsberg (– Nürnberg)	1 Post
17	Dresden Hbf – Ludwigshafen	1 Pw
18	Bamberg – Würzburg	Schutzwagen
19	Ludwigshafen – Saarbrücken	1 Pw

benach (1875 – 1943), geblieben, der seit 1935 als Reichs- und Preußischer Verkehrsminister zeichnete, aber am 2. Februar 1937 auf Hitlers Wunsch entlassen wurde.

Für die Deutsche Reichsbahn-Gesellschaft wurden faktisch und juristisch durch das »Gesetz zur Neuregelung der Verhältnisse der Reichsbank und der Deutschen Reichsbahn« vom 10. Februar 1937 die Reparationszahlungen als gegenstandslos erklärt; die Dienststellen der Reichsbahn-Gesellschaft wurden wieder zu Behörden. Generaldirektor Julius Dorpmüller wurde am 2. Februar 1937 Reichs- und Preußischer Verkehrsminister und blieb in Personalunion Generaldirektor der Reichsbahn.[8]

Über die Entpflichtung von den Reparationsleistungen konnten die Eisenbahner nur bedingt frohlocken, denn die Eisenbahn stand nicht gerade in hoher Gunst der Machthaber; sie hatten sogar die Fahrbahn ihrer gefährlichen Konkurrenz, der Reichsautobahnen, zu planen und zu bauen.

Die Arbeitsbeschaffungsmaßnahmen wie der Autobahnbau und viele andere, darunter der Vorrang der Aufrüstung, führten zum wirtschaftlichen Aufschwung, wovon die Deutsche Reichsbahn in Maßen profitierte. Die Jubelfeier zum hundertjährigen Jubiläum der deutschen Eisenbahnen 1935 hinterließ, wie es ein Zeitgenosse formulierte, einen »überzeugenden Eindruck von der Leistungsfähigkeit und dem hohen technischen Entwicklungsstand der Deutschen Reichsbahn [...].« [14; S. 242]

8 Einzelheiten zur Organisation des Ministeriums und des DR-Vorstandes sowie zu Personen unter [15].

Privatbahnen verstaatlicht

Wie aus heiterem Himmel – so erschien es zumindest vielen zeitgenössischen Beobachtern – wurden gegen Ende der dreißiger Jahre die großen Privateisenbahnen verstaatlicht, das heißt, von der Deutschen Reichsbahn übernommen, und zwar:

o zum 1. Januar 1938 die Lübeck-Büchener Eisenbahn und die Braunschweigische Landeseisenbahn

o zum 1. August 1938 die im München ansässige Localbahn-Aktiengesellschaft, zum 1. Januar 1939 ihre Tochtergesellschaft Lausitzer Eisenbahn-AG[9]

o zum 1. Januar 1941 die Wittenberge-Perleberger, die Prignitzer und die Mecklenburgische Friedrich-Wilhelm-Eisenbahn

o zum 1. Mai 1941 die Eutin-Lübecker Eisenbahn

o zum 1. Juli 1943 die Schipkau-Finsterwalder Eisenbahn.

Leuchtete der Vorgang bei der Bayerischen Lokalbahn-AG wegen deren schlechten finanziellen Lage noch ein, so war bei den anderen Bahnen ein solcher Anlass nicht zu erkennen. Die Gründe für die Verstaatlichung gehen auch nicht eindeutig aus den überlieferten Akten hervor. Man kann nur vermuten, dass militärstrategische Gründe den Ausschlag gaben, die Durchgangslinien in staatliche Hände zu bekommen. Oft liest man in geschichtlichen Darstellungen, der Zweite

9 zum 1. Januar 1939 auch die Lokalbahn Reutte – Schönbichl von der Lokalbahn AG Reutte – Schönbichl.

Mengen und Marktanteile der Verkehrsträger

Ohne Werkverkehr, nach [5]

Jahr	Transportmenge in Mill. t	Marktanteil DR in Mill. t	Marktanteil in Prozent		
			Bahn	Lkw	Binnenschiff
1913*	500	415	83	–	17
1925	487	394	81	1	18
1929	496	382	77	2	21
1932	350	266	76	3	21
1937	631	480	76	3	21
* Zum Vergleich					

▲ Spanische Freiwillige der »Blauen Division«, die an der Ostfront in deutscher Uniform kämpfte, sind auf dem Bahnhof Grafenwöhr angetreten.

um Verpflegung zu empfangen (1941).

Süddeutsche Zeitung Photo/AP

▲ Zweite und letzte Konstruktion einer Kriegslokomotive wurde die Baureihe 42. Sie war für die Werkstätten wenig erfreulich.   *Foto: Maey*

Weltkrieg sei »ausgebrochen«. Das war er nicht. Systematisch führten die Machthaber das Deutsche Reich und das Volk auf diesen Krieg hin.In den Strudel der Aufrüstung, Planung und Kriegsführung wurde die Deutsche Reichsbahn hineingezogen. Sie hatte bereits beim »Anschluss« Österreichs, der Besetzung des Sudetengaus und erst recht im Zweiten Weltkrieg bislang ungeahnte Lasten zu tragen. Das Einsatzgebiet der Eisenbahner und Fahrzeuge für den Nachschub, die Gefangenen- und Lazaretttransporte wurde immer größer. »Höchstleistung« bedeutete 70 bis 80 Prozent des gesamten Güterverkehrs allein für die Deutsche Reichsbahn, von 1938 zu 1942 im Streckennetz innerhalb der Grenzen von 1937 um 52 Prozent mehr Zugkilometer bzw. 73,5 Prozent mehr Nettotonnenkilometer. Lag die transportierte Gütermenge 1938 bei 547 Millionen Tonnen, so stieg sie bis 1943 auf 675 Millionen Tonnen, im Personenverkehr war der Anstieg entsprechend. Schließlich ließ sich der Fahrzeugbedarf nur noch mit »ent-

feinerten« Kriegslokomotiven und Behelfspersonenwagen decken.

Die von der Reichsbahn organisierten Transporte der jüdischen Bevölkerung in die Vernichtungslager sind das lange Zeit verdrängte, wohl schrecklichste Kapitel in der Geschichte der deutschen Eisenbahn, über das es inzwischen reichhaltige Literatur gibt.[10]

Zu Beginn der nationalsozialistischen Herrschaft mag es viele begeisterte Reichsbahner gegeben haben, die ihr Unternehmen wachsen sahen. Doch das bittere Ende folgte, denn der Angriffskrieg auf die europäischen Nachbarn schlug schließlich mit aller Macht zurück.[11] Nicht nur dass Bahnanlagen und Fahrzeuge in den besetzten Gebieten zerstört sowie dorthin abkommandierte Eisenbahner getötet

10   Darunter: Sonderzüge in den Tod. Köln 2009, Hilberg: Sonderzüge nach Auschwitz. Berlin 1987, Gottwaldt/Schulle: Die »Judendeportationen« aus dem Deutschen Reich 1939 – 1945. Wiesbaden 2005 und Gottwaldt/Schulle: Juden ist die Benutzung von Speisewagen untersagt. Teetz 2007
11   Auch über die Deutsche Reichsbahzn im Kriege gibt es reichhaltige Literatur wie: Kreidler: Die Eisenbahnen im Zweiten Weltkrieg. Hamburg 2001 oder Knipping, Schulz: Zwischen Ostfront und Atlantikwall. Stuttgart 2002

▲ Ankunft eines Transports mit sowjetischen Kriegsgefangenen an der Ostfront (1941).   *Süddeutsche Zeitung Photo*

▲ Das Ende der stolzen Reichsbahn: Beim Luftangriff auf Köln zerstörte Stückgutumladung von Köln-Gereon (1944).   *Slg. Säuberlich*

oder verletzt wurden, auch die Eisenbahnen im Deutschen Reich wurden zunehmend das Ziel der Zerstörungen durch die Alliierten. Was diese nicht zerstörten, vollendeten die Sprengkommandos der Wehrmacht und der SS. Sie zerstörten zum Beispiel 23 von 24 Mainbrücken, 23 von 35 Donaubrücken und alle elf reichseigenen Weserbrücken, ohne eine Kriegswende zu bewirken. Zum Kriegsende im Mai 1945 waren über 9.000 Kilometer Gleis, fast 20.000 Weichen, 3.700 Stellwerke und 4.000 Brücken zerstört oder beschädigt, nicht gezählt die unbrauchbar gewordenen Empfangs- und Dienstgebäude. Die Verluste, auch an Personal, waren größer als die im Ersten Weltkrieg. Umso größere Bewunderung verdient der Einsatz für das Ingangsetzen des Eisenbahnbetriebs und die schnelle, wenn auch oft provisorische Wiederherstellung der Anlagen durch die Eisenbahner nach der bedingungslosen Kapitulation des Deutschen Reiches.

Was sonst noch geschah:	
1921	Elektrischer Betrieb Magdeburg – Leipzig.
1922	Einführung von Schlafwagen 3. Klasse, später als Liegewagen bezeichnet, Einführung beschleunigter Personenzüge.
1. Juni 1923	Einführung der Ferndurchgangszüge (FD).
1924	Eisenbahntechnische Ausstellung in Seddin, als Glanzstück wurde die erste deutsche Turbinenlokomotive gezeigt.
16. Mai 1924	Die Reichsbahner erhalten neue Dienstkleidung: ein– und zweireihige Joppen. Der Uniformrock entfällt, Schulterstücke und Degen werden nicht mehr getragen. Die Rangabzeichen sind am Kragen.
1926	Auf der Strecke Berlin – Hamburg wird die Zugtelephonie eingeführt, bereits im Dezember 1924 auf der Funkausstellung vorgeführt.
1926	Einheitliches System der Kennzeichnung von 28.050 Dampflokomotiven der ehemaligen Länderbahnen
1. Juni 1927	Eröffnung des 11 Kilometer langen Hindenburgdammes zur Insel Sylt.
1928	Erste Hochdrucklokomotive der Welt mit 60-Atmosphären-Hochdruckkessel von Schmidt-Henschel gebaut.
27. August 1928	Erste Lautsprecheranlage auf dem Fernbahnsteig des Bahnhofs Berlin Zoologischer Garten.
7. Oktober 1928	Zum Fahrplanwechsel das Zweiklassensystem eingeführt, indem die 4. Klasse entfällt und die 1. Klasse nur noch in den FD-, FFD-Zügen und in den Schlafwagen beibehalten wird.
1. November 1928	Zwischen Minden und Wunstorf sowie Dresden-Friedrichstadt und Riesa wird die Zugüberwachung, eine Abart des amerikanischen Dispatching-Systems, erprobt.
1929/1930	Die nach einem Entwurf von Prof. Löffler gebaute Hochdrucklokomotive für 120 Atmosphären wird wegen ihrer Mängel nicht nachgebaut.
13. November 1929	»Leichte Güterzüge« (Leig) zur Beförderung von Vieh, Milch und Eilgut, bisher in Güterwagen den Personenzügen beigestellt, werden eingeführt.
8. Juli 1930	Der letzte Abschnitt der Bayerischen Zugspitzbahn von Eibsee bis Zugspitzplatt (2.650 Meter hoch) wird eröffnet.
1931	sind auf 587 Bahnhöfen ortsfeste Wagenstandanzeiger aufgestellt.
18. März 1931	Bei einer Versuchsfahrt auf der Strecke Berlin – Potsdam – Magdeburg werden bei Geschwindigkeiten bis zu 140 km/h neue vierachsige Durchgangs-Personenwagen vorgeführt.

1. April 1931	Nach Versuchen im Jahr 1930 auf der Verbindung Hamburg/Bremen – München/Basel, Pkw zu halben Gepäckfrachtsätzen zu befördern, wird der Versuch auf die Strecken Altona – Berlin, Altona – Leipzig – Dresden, Köln – Berlin, Köln – München/Basel und Basel/München – Berlin ausgedehnt.
21. Juni 1931	Nach Probefahrten auf der neuen, aber noch nicht in Betrieb genommenen Strecke Hannover – Celle findet die erste Fernversuchsfahrt des von Kruckenberg erfundenen und konstruierten Propeller-Triebwagens von Hamburg nach Berlin statt, bei der er zwischen Ludwigslust und Wittenberge 200 km/h Geschwindigkeit erreicht. Auf diese Geschwindigkeit kommt am 17. Februar 1936 zwischen Hamburg und Berlin auch der dreiteilige dieselelektrische Triebwagen – zum ersten Mal von einem für den öffentlichen Verkehr bestimmten Schienenfahrzeug.
11. Mai 1936	Die Dampflokomotive 05 002 zwischen Berlin und Hamburg erreicht den Schnelligkeitsrekord für Dampflokomotiven von 201 km/h.
2. Oktober 1932	Auf der Strecke Dortmund – Essen Hbf beginnt im Ruhr-Schnellverkehr der Versuch mit einem starren Fahrplan im 30- und 60-Minuten-Takt.
2. Februar 1934	Deutschlands größte Hubbrücke über die Peene bei Karnin an der Strecke Ducherow – Swinemünde geht in Betrieb.
1. Oktober 1934	Der Bezirk der Reichsbahndirektion Halle wird über Leipzig Hbf hinaus in Richtung Süden ausgedehnt, so dass die Grenze zwischen den Direktionen Dresden und Halle mitten durch den Hauptbahnhof verschwindet. Die Klage der sächsischen Landesregierung gegen diese Veränderung hat zwar am 30. April 1931 vor dem Reichsbahn-Gericht Erfolg, wird aber im Gesetz über die Vereinfachung und Verbilligung der Verwaltung vom 27. Februar 1934 nicht berücksichtigt.
1.- 16. August 1936	Zu den Olympischen Sommerspielen vollbringt die Deutsche Reichsbahn wieder beachtliche Leistung beim Organisieren des Reiseverkehrs: insgesamt 4,1 Millionen Reisende, die S-Bahn Berlin 28,4 Millionen Reisende, darunter über 8 Millionen im Zusatzverkehr.
5. Oktober 1936	Lokomotive 03 187 fördert den Eröffnungszug über den Rügendamm Stralsund – Altefähr. Erster Regelzug ist D 14 Stockholm/Oslo – Hamburg/Berlin.
18. März 1938	Das Vermögen der Österreichischen Bundesbahnen wird als Sondervermögen des Reiches von der Deutschen Reichsbahn verwaltet.
14. Juni 1938	Auf 16 Großbaustellen in Berlin beginnt die »Umgestaltung des Berliner Stadtbildes«; die Reichsbahnbaudirektion beginnt am selben Tag mit dem Bau des Süd-Personenbahnhofs, der Versuchsanstalt und des Ausbesserungswerkes in Lichterfelde, des Ausbesserungswerkes Marienfelde, des Bahnhofs Lichtenrade, des Verschiebebahnhofs Großbeeren, des Verschiebebahnhofs Wuhlheide, des Ausbesserungswerkes Schöneweide. Nur das letzte Vorhaben wird vollendet.
19. Oktober 1938	Die Deutsche Reichsbahn verwaltet alle in den sudetendeutschen Gebieten liegenden Eisenbahnen und Nebenbetriebe und nimmt am 31. Oktober 1938 den Güter- und Personenverkehr über die 50 geschlossenen Grenzübergänge über die »vorläufige deutsch-tschechoslowakische Landesgrenze« wieder auf.
23. März 1939	Die memelländischen Eisenbahnen gehen in das Eigentum der Reichsbahn über.
18. Oktober 1939	Der Schnellzugverkehr Berlin – Königsberg ist über die Dirschauer Brücke wieder möglich (wegen ihrer Sprengung vom 2. Oktober 1939 Fähr- und Busverkehr).
23. November 1939	Der Reichsverkehrsminister ordnet wegen der Verdunkelung für die Lokomotivführer »unter den erschwerten Umständen eine Belehrungsfahrt« an.
15. Januar 1940	Um den Güterzugverkehr bevorzugen zu können, werden der Personen- und Schnellzugverkehr sowie die Fahrpreisermäßigungen wesentlich eingeschränkt, »alle überflüssigen und nicht dringlichen Reisen« sollen unterbleiben. Es gilt die Losung: »Erst siegen, dann reisen!«

6 Verlust und Zuwachs

Die Eisenbahn an der Saar

▲ Völklingen (1940): Die Hütten und Stahlwerke und die Eisenbahn gehörten im Saarland zusammen. *Slg. Rohrbacher*

Die Eisenbahndirektion Saarbrücken gehörte zu den ältesten Eisenbahndirektionen in Deutschland. Nachdem der preußische König Friedrich Wilhelm IV. (1795 – 1861) hauptsächlich wegen der Kohlentransporte aus den saarländischen Bergwerken den Bau einer Eisenbahn von der bayrischen Landesgrenze zwischen Wellesweiler und Bexbach im Anschluss an die in den Jahren 1848/1849 als erste Strecke eröffnete Pfälzische Ludwigsbahn (Ludwigshafen – Kaiserslautern – Homburg – Bexbach) über Neunkirchen – Landsweiler – Sulzbach – St. Johann (Saarbrücken)[1] bis zur französischen- Landesgrenze bei Forbach genehmigt hatte, setzte er mit »Allerhöchster Kabinettsorder« vom 28. November 1847 die »Königliche Commission für den Bau der Saarbrücker Eisenbahn« ein. Nach Fertigstellung des Abschnitts Bexbach – Neunkirchen mit den Anschlüssen zu den Gruben Heinitz (1850) und Reden (1851) übernahm die Pfälzische Ludwigsbahn zufolge eines Abkommens zwischen Preußen und Bayern vom 19. März 1850 die Betriebsführung.

Nach der Fertigstellung des westlichen Teils der Saarbrücker Strecke 1852 wurde die »Commission« aufgelöst. An ihre Stelle trat die »Königliche Direction der Saarbrücker Eisenbahn«. Sie verwaltete

---

1   St. Johann lag auf der rechten Seite, Saarbrücken auf der linken Seite der Saar. 1909 wurden die Städte vereinigt, und die Bezeichnung St. Johann entfiel.

Bekanntmachung des Königlichen Ober=Präsidenten der Rhein=Provinz.

Die nachstehende Allerhöchste Cabinets=Ordre:

„Auf den Bericht vom 17. Mai d. J. genehmige Ich, daß die in Folge meines Erlasses von „28. November 1847 (Gesetz=Sammlung für 1848, Seite 13) eingesetzte „Commission für den Bau „der Saarbrücker Eisenbahn" nunmehr aufgelöset und zur Verwaltung und Leitung des Betriebes be „gedachten Bahn eine neue Behörde unter der Firma „Königliche Direction der Saarbrücker Eisenbahn' „eingesetzt werde. Dieser Direction sollen alle Rechte und Pflichten einer öffentlichen Behörde zustehen „Der gegenwärtige Erlaß ist durch die Gesetz=Sammlung bekannt zu machen.

Berlin, den 22. Mai 1852.

(gez.) Friedrich Wilhelm.

(gegengez.) von der Heydt.

An

den Minister für Handel, Gewerbe und öffentliche Arbeiten."

bringe ich hierdurch mit dem Bemerken zur öffentlichen Kenntniß, daß die königliche Direction der Saarbrücker Eisenbahn am 15. d. Mts. in Saarbrücken in ihr Amt eingesetzt und zum Vorstande derselben der königliche Eisenbahn=Director Hähner, und zum Mitgliede und Justitiarius der Land= rath Rennen daselbst commissarisch bestellt worden ist.

Coblenz, den 17. September 1852.

Der Ober=Präsident der Rhein=Provinz,
A. A.
v. Spankeren.

▲ Die Eisenbahndirektion in Saarbrücken ist seit 15. September 1852 in ihre Funktion eingesetzt.

und betrieb das 43,926 Kilometer große Netz zuzüglich 4,415 Kilometer französischer Strecke von der preußischen Grenze bis Forbach.

Infolge finanzieller Schwierigkeiten der Rhein-Nahebahn-Gesellschaft in Kreuznach wurde deren Direktion am 1. Juli 1859 aufgelöst und ihre Strecken der »Saarbrücker Eisenbahn« zugeteilt, die vom 1. August 1859 an die Bezeichnung »Königliche Eisenbahndirektion Saarbrücken« führte. Mit den 1860 eröffneten Strecken Saarbrücken – Trier, Saarbrücken – Bingerbrück (Rhein-Nahebahn) und weiterer in den folgenden Jahren gebauten kleineren Streckenabschnitten betrug 1868 die Betriebslänge 263 Kilometer.

Vom Preußisch- bzw. Deutsch-Französischen Krieg 1870/1871 war der Bezirk durch die Kriegstransporte (Nachschub mit Truppen, Kriegsmaterial und Proviant, in der Gegenrich-

tung Verwundete, Kranke und Kriegsgefangene) insbesondere auf der »Haupttransportstraße« Bingerbrück – Forbach betroffen, auch wurde der Bahnhof Saarbrücken am 2. August 1870 von den Spicherer Höhen aus beschossen. Mit Beginn des Waffenstillstandes am 31. Januar 1871 vergrößerte sich der Direktionsbezirk vorübergehend um 447,7 Kilometer Strecken wegen der Übernahme der lothringischen Eisenbahnen, bis die Eisenbahn Elsaß-Lothringens dem Reich unterstellt wurde.

Infolge der großen Verwaltungsreform des Eisenbahnwesens in Preußen wurde die Eisenbahndirektion Saarbrücken zum 1. April 1880 aufgelöst und mit der Eisenbahndirektion Frankfurt am Main vereinigt. Gleichzeitig entstand in Saarbrücken und in Trier je ein »Königliches Eisenbahnbetriebsamt«. Aber auch sie wurden mit einer Neuordnung der

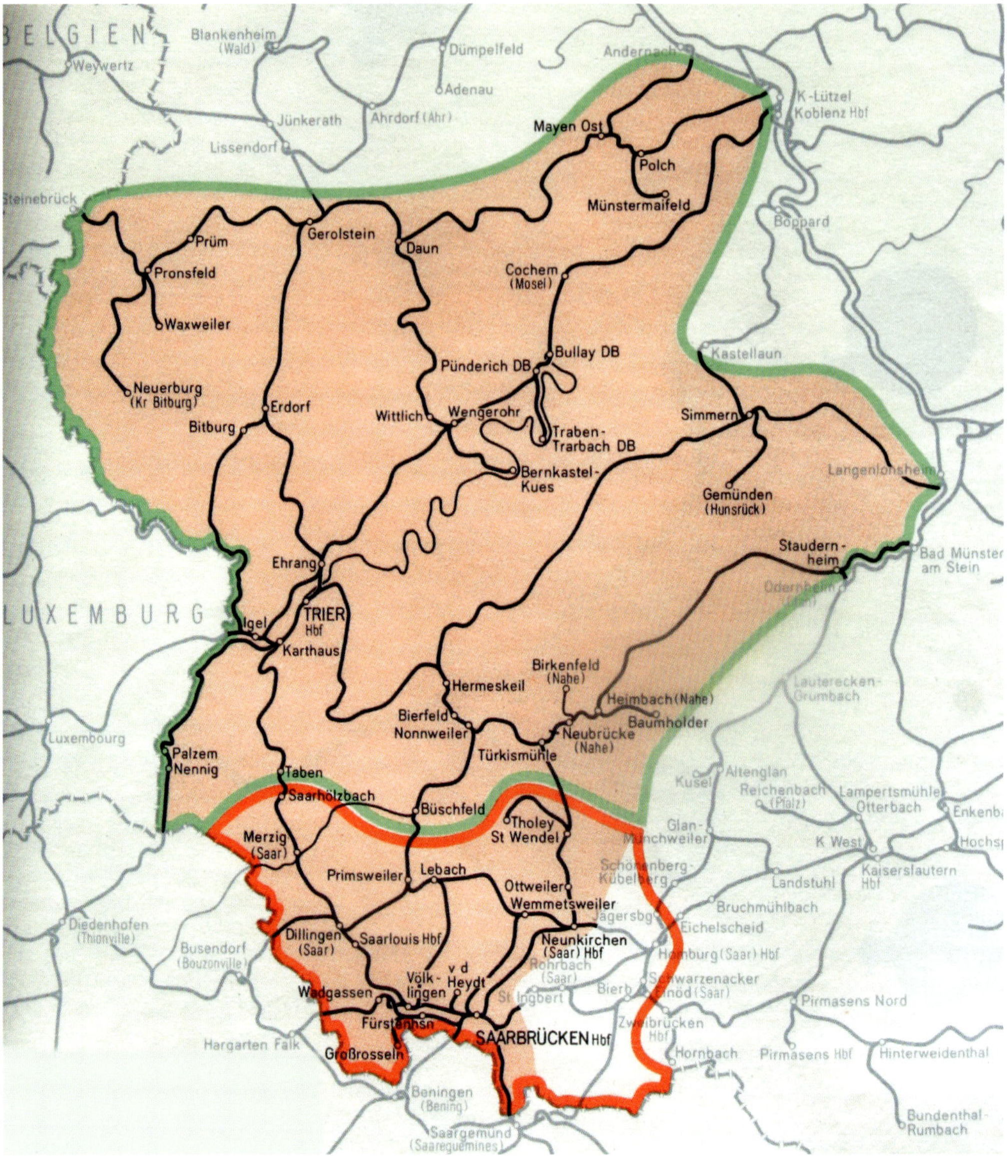

▲ Was von der Eisenbahndirektion Saarbrücken 1920 blieb: rot umrandet. Neu: Reichsbahndirektion Trier, grün umrandet.

preußischen Staatsbahnen am 1. April 1895 aufgelöst. Als aus den 11 Direktionsbezirken 20 kleinere gebildet wurden, fand die Eisenbahndirektion St. Johann-Saarbrücken ihre Wiederauferstehung. Der Direktion unterstellt waren 8 Betriebsinspektionen (seit 1910 Betriebsämter genannt), 2 Maschineninspektionen, 1 Tele-

grafeninspektion, 2 Verkehrsinspektionen und 1 Werkstattinspektion.

Mit Beginn des Ersten Weltkrieges im August 1914 stand die Grenzdirektion wieder im Brennpunkt des Kriegsgeschehens. Jetzt führten im Unterschied zu 1870 mehrere Haupttransportstraßen durch den Bezirk. Erschwerend kam

hinzu, dass zu Kriegsbeginn das saarländische Industriezentrum und der Bahnknoten Saarbrücken häufig unter feindlichen Angriffen litten. Die Gruben und Hütten wurden bombardiert, Saarbrücken 251 Mal und dabei schwer beschädigt, auch die Eisenbahnanlagen und Fahrzeuge.

Erstes Intermezzo

Die Niederlage des Deutschen Reiches brachte auch der »Königlich Preußischen Eisenbahndirektion Saarbrücken« das Ende. Denn nach dem Versailler Friedensvertrag vom 1. Januar 1920 wurde das sogenannte »Saargebiet« vom Deutschen Reich abgetrennt und einer Regierungskommission des Völkerbundes unterstellt. Diese Kommission verfügte für die 338 Kilometer Strecken (davon 82,5 Kilometer bayerisch) des abgetrennten Saarbahnnetzes am 28. Februar 1920 die Errichtung der »Direktion der Saarbahnen«.

Die Beamten der für die Verwaltung der übrigen Strecken des Direktionsbezirkes Saarbrücken zunächst eingerichteten »Eisenbahndirektion 2« mussten auf Veranlassung der Regierungskommission das Saargebiet verlassen. Sie richteten sich in Trier als »Stammeisenbahndirektion Saarbrücken in Trier« ein. Die folgende Aufzählung vermittelt nicht nur einige Details, sondern zeigt auch, wie sich die Geschichte zumindest teilweise wiederholte:

Vom 1. April 1920 an war die Reichsbahndirektion Trier für den beim Deutschen Reich verbleibenden Teil von 836,69 Kilometer Betriebslänge verantwortlich.

13. Januar 1935 Saarabstimmung: 91 Prozent der Wähler entschieden sich für die Rückkehr nach Deutschland.

17. Januar 1935 Beschluss des Völkerbundrates: Das Saargebiet wurde zurückgegeben.

1. März 1935 Das Saargebiet gehörte wieder zum Deutschen Reich, die beiden Reichsbahndirektionen Saarbrücken und Trier wurden vereinigt.

▲ Das Gebäude der Eisenbahndirektion Saarbrücken (1906).
Slg. Rohrbacher

Oeffentliche Arbeiten, Eisenbahn und Postwesen.

Nr. 16. Verfügung betr. die Eisenbahndirektion in Saarbrücken.

Die Regierungskommission des Saargebiets verfügt was folgt:

§ 1.

Bis zur endgültigen Festlegung des Eisenbahnnetzes im Saargebiet wird der Bahnbetrieb in der gleichen

Weise wie bisher erfolgen, soweit nicht im nachstehenden Aenderungen vorgesehen sind.

§ 2.

Die Eisenbahndirektion für die Strecken des endgültig abgegrenzten Bahnnetzes des Saargebiets wird vom 10. März 1920 ab in Saarbrücken errichtet.

§ 3.

Das gesamte Personal hat an Ort und Stelle zu bleiben und den Dienst weiter zu versehen, mit Ausnahme des bisher der Direktion Saarbrücken zugewiesenen Personals, über das Bestimmung getroffen werden.

Der Regierungskommission werden Vorschläge gemacht sowohl was die Beibehaltung des ihr notwendigen Personals betrifft, wie auch bezüglich des überzähligen Personals, welches der deutschen Regierung wieder zur Verfügung gestellt wird.

§ 4.

Nach den gleichen Grundsätzen wird verfahren betreffs des Personals, das der Direktion Ludwigshafen unterstellt ist und der Eisenbahndirektion Saarbrücken zugeteilt wird. Auch bezüglich dieses Personals, soweit es zur neuen Direktion Saarbrücken gelangt, sollen der Regierungskommission Vorschläge unterbreitet werden.

Saarbrücken, den 28. Februar 1920.

Der Staatsrat,

Präsident der Regierungskommission des Saargebiets:

gez.: **V. Rault.**

▲ Außer dem Direktionspersonal hat das gesamte Personal an Ort und Stelle zu verbleiben, ordnete die Regierungskommission 1920 an.

▲ Von der Reichsbahndirektion Saarbrücken (Rosa-Fonds) blieben 1947 die Saar-Eisenbahnen (rot umrandet) und wieder die Reichs- bzw. Bundesbahndirektion Trier (grün umrandet).

Bis zum 31. Dezember 1936 durch Auflösung der Reichsbahndirektion Ludwigshafen und Abgabe von Strecken aus den Bezirken der Reichsbahndirektionen Köln und Mainz Zu-wachs auf 1.666,34 Kilometer Strecken. Bis zum 3. September 1939 wurde ein mindestens 5 Kilometer breiter Streifen längs der deutsch-französischen Grenze geräumt; der nördliche

Teil des Reichsbahndirektionsbezirks Saarbrücken nach Koblenz verlegt, der südliche Teil in Mainz mitverwaltet. 20. Juli 1940 Der Sitz der Reichsbahndirektion Saarbrücken wurde von Koblenz zurück verlegt, auch die Verwaltung des südlichen Teils übernommen.

Zweites Intermezzo

1945 Reichsbahndirektion Trier sowie Hauptämter in Koblenz, Homburg (Saar), Saarbrücken und Direktion der Pfalzbahnen in Ludwigshafen.

1. April 1947 Bildung einer Direktion für das Saargebiet auf Anordnung der Besatzungsmacht für 552,57 Kilometer Strecken und wieder der Reichsbahndirektion Trier für 825,50 Kilometer Strecken. Zugang von 215,7 Kilometer der Bundesbahndirektion Mainz zur Bundesbahndirektion Trier, so dass diese im Jahr 1956 1.031,19 Kilometer Strecken umfasste.

3. März 1950 Saarländische Eisenbahnen (SEB) in Eisenbahnen des Saarlandes (EdS) umbenannt.

23. Oktober 1955 Referendum: 67 Prozent der Wähler stimmten für das Saar-Statut und damit für die Wiedereingliederung in Deutschland.

5. Juli 1959 Ende der Angleichung. Bundesbahndirektion Saarbrücken 556,61 Kilometer, Bundesbahndirektion Trier 1.035,59 Kilometer Strecken.

1. Januar 1960 Vereinigung der Bundesbahndirektion Saabrücken und Trier mit Direktionssitz in Saarbrücken, Streckennetz: 1.572,20 Kilometer. Die Bundesbahndirektion Trier wurde aufgelöst.

SAARLÄNDISCHE EISENBAHNEN	CHEMINS DE FER DE LA SARRE
AMTSBLATT	**BULLETIN OFFICIEL**
SAARBRÜCKEN, den 1. April 1947 (Nr. 1)	SARREBRUCK, le 1 Avril 1947
Détachement d'Occupation des Chemins de fer. Présidence de Sarrebruck am 29. März 1947.	Détachement d'Occupation des Chemins de fer. Présidence de Sarrebruck 29 Mars 1947
Verfügung Nr. 1	**Ordre n° 1**

Vom 1. April ab bilden die Eisenbahnen im Saarland ein selbständiges Netz.

Diese Entscheidung führt notwendigerweise zu einer Neuorganisation, deren Grundlagen dem Personal nach Genehmigung durch die zuständigen Behörden mitgeteilt werden.

Ein Wechsel in der Organisation kann nicht ohne Uebergang erfolgen. Letzterer wird schrittweise vorgenommen, um eine reibungslose Fortführung der Dienstgeschäfte zu gewährleisten.

Von nun an, wird für die im Saarland befindlichen Eisenbahnen ein neues Amtsblatt in deutsch mit einer Uebersetzung des Wortlautes in französischer Sprache herausgegeben, welches, wie in der Vergangenheit, dem Personal die dienstlichen Mitteilungen zur Kenntnis bringt.

Die Autonomie der saarländischen Eisenbahnen ändert weder die hauptsächlichen eisenbahntechnischen Grundlagen noch die Gesetze der Betriebssicherheit oder die Grundsätze der strikten Befolgung der Vorschriften, der Unterordnung, der Disziplin, der Korrektheit, welche für den Betrieb eines der wichtigsten Organismen des Gebiets erforderlich sind.

Die Liebe zum Beruf, das fachliche Können, die hohe Pflichtauffassung bilden auch weiterhin die Gewähr für den Erfolg und die Sicherheit des Betriebes.

Ein soziales Verständnis für alle Ueberzeugungen, welches jedoch keinerlei Unehrlichkeit zuläßt, kann bei allen Dienstgraden das Vertrauen, die Mitarbeit und das Ansehen erhöhen.

Mögen diese Empfindungen sich weiterentwickeln und die Freude an guter Arbeit wieder herstellen, damit so die Persönlichkeit des von Menschlichkeit und Verständnis beseelten Chefs und die Persönlichkeit des von Achtung und Gemeinschaftssinn durchdrungenen Untergebenen aus den Saarbahnen ein mustergültiges Eisenbahnnetz machen.

Die Zerstörungen und der Zustand des rollenden Materials werden noch für Monate hinaus außergewöhnliche Anstrengungen erfordern.

Möge jeder Einzelne weitgehend seinen Teil dazu beitragen, damit die Wiederherstellung der saarländischen Eisenbahnen jede wünschenswerte Unterstützung erfährt und diese in die Lage versetzt werden, den Verkehrsansprüchen nach Maßgabe des Wiederanlaufens der Wirtschaft zu entsprechen.

Der Präsident: TOUBEAU

A partir du 1er Avril, les Chemins de fer situés dans le Territoire de la Sarre seront constitués en réseau autonome.

Cette décision conduit nécessairement à une nouvelle organisation dont les bases seront communiquées au personnel dès leur approbation par les autorités compétentes.

Un changement d'organisation ne peut se faire sans transition. Il sera progressif pour assurer, sans heurts, la continuité du service.

Dès à présent, il sera publié pour les Chemins de fer situés dans le territoire de la Sarre un nouveau bulletin d'information en allemand, avec une traduction en français, portant à la connaissance du personnel, comme dans le passé, les informations de service.

L'autonomie des chemins de fer de la Sarre ne modifie ni les fondements essentiels de la technique ferroviaire, ni les lois de la sécurité, ni les principes sévères de l'observation des règlements, de subordination, de discipline, de correction, nécessaires au fonctionnement d'un organisme essentiel du territoire.

L'amour du métier, la valeur professionnelle, le sentiment élevé du devoir, restent les garants du succès de l'entreprise et de la sécurité de l'exploitation.

Un sens social respectueux de toutes les convictions, mais ne tolérant aucune malhonnêteté, peut forcer, à tous les échelons, la confiance, la collaboration et l'estime.

Puissent ces sentiments se développer et rétablir le goût du travail bien fait, la personnalité du chef humain et compréhensif comme aussi celle de l'esprit subordonné respectueux et animé de l'esprit d'équipe, faisant ainsi des Chemins de fer de la Sarre un réseau modèle.

Les destructions, l'état du matériel roulant demanderont pendant de nombreux mois encore, un effort exceptionnel.

Que chacun y apporte largement sa contribution personnelle pour que le rétablissement des chemins de fer de la Sarre bénéficie de toutes les activités désirables et soit prêt à satisfaire aux exigences du trafic au fur et à mesure de la reprise de la vie économique.

Le Président: TOUBEAU

▲ Vor dem Hauptbahnhof von Saarbrücken: Bundespräsident Heinrich Lübke besucht das »neue« Bundesland (1959).

Slg. Rohrbacher

▲ Die erste Verfügung als Begrüßung der Eisenbahner im Saargebiet (1947).

7 Wiederaufbau, Neubau, Modernisierung und Rationalisierung

Die Deutsche Bundesbahn 1946/1949 – 1993

▲ Gremberg, der größte Rangierbahnhof von Köln, ist nach dem Krieg wieder aufgebaut worden (1971).

Bis zur Gründung der Bundesrepublik Deutschland am 20. September 1949 blieb es bei der Deutschen Reichsbahn und anderen Bezeichnungen für die Staatseisenbahn im Westen. Nach dem Kriegsende glaubte man an eine baldige Wiedervereinigung der vier Besatzungszonen und damit an die Verbindung der durch eine Demarkationslinie bzw. Zonengrenze vielerorts unterbrochenen Eisenbahnstrecken. Doch vorerst bestimmten die Besatzungsmächte über den Schienenverkehr, schon allein wegen des Nachschubs für ihre Truppen. Die Eisenbahner benötigten sie zum Wiederauf-

bau der Anlagen sowie Wiederaufnahme der Fahrzeugreparatur und des Zugbetriebs. Sie mussten dazu nicht angehalten werden, hatten sie doch im Krieg gelernt zu improvisieren. Sie hielten auch untereinander zusammen und besaßen ein ausgeprägtes Verantwortungsbewusstsein.

Während unter den Augen der drei Besatzungsmächte der Zugverkehr immer lebhafter wurde, arbeiteten einzelne Organe der ehemaligen Reichsbahn-Verwaltung fast in einem Vakuum. Dazu zählten beispielsweise die Überbleibsel des Reichsverkehrsministeriums, die von Ber-

lin nach Garmisch, nach Eisenach sowie nach Groß Köris evakuiert worden waren. Nach dem Kriegsende zogen sie nach Malente in Schleswig-Holstein, von wo aus der ehemalige Reichsverkehrsminister Julius Dorpmüller nach einem Auftrag des amerikanischen Generals Eisenhower das deutsche Eisenbahnwesen wieder übernehmen und zentral leiten sollte. Sein Tod am 5. Juli 1945 vereitelte diesen Plan.

Das Potsdamer Abkommen sah für Deutschland gemeinsame Verkehrseinrichtungen vor, doch recht schnell zerfielen das mühsam reparierte Netz und die Betriebsorganisation in Netze und Verwaltungen der Besatzungszonen genauso wie die anderen Reichsverwaltungen zerbrachen. In Frankfurt (Main) entstand die Eisenbahn-Verwaltungszentrale für die amerikanische, in Bielefeld für die britische und bis zum 27. Mai 1946 in Speyer für die französische Zone; hier residierte seit dem 1. November 1947 die Generaldirektion der Südwestdeutschen Eisenbahnen, der auch die Reichsbahndirektion Mainz unterstand. Diese erst 1952 aufgelöste Betriebsvereinigung war eine der föderalistischen Ideen, die Deutsche Reichsbahn (West) aufzuteilen und wieder in die Hoheit der Län-

der zu überführen. Übrigens gab es derartige Tendenzen der Länderregierungen auch in der sowjetischen Besatzungszone.

Bereits im Frühjahr 1946 verkündete der Oberbefehlshaber der amerikanischen Besatzungszone den mit den Briten gefassten Entschluss, beide Zonen zu einer wirtschaftlichen Einheit zusammenzuschließen, die man Vereinigtes Wirtschaftsgebiet oder kurz Bi-Zone nannte. Für die am 10. September 1946 gebildeten »Eisenbahnen in der Britischen und US-Zone«[1] war ein Verkehrsrat zuständig, dem die Länderminister angehörten. Diese vereinbarten im ehemaligen Luftgaukommando Berlin-Zehlendorf nach dreitägiger Beratung Ende August 1946, die »Deutsche Reichsbahn im Vereinigten Wirtschaftsgebiet« habe mit einem Generaldirektor an der Spitze den Verkehr administrativ zu führen. Der Sitz des Unternehmens war Bielefeld, von 1947 an Offenbach, nach dem Widerspruch des Bundestages, ihn nach Köln zu verlegen, seit 1. Oktober 1953 Frankfurt (Main). Die Eisenbahnen in der Französischen Zone kamen zufolge des Bundesbahngesetzes vom 18. De-

---

1   Manche sehen diesen Tag als den eigentlichen Geburtstag der Deutschen Bundesbahn an.

Die »Direktoren« der Deutschen Reichsbahn (West) und der Deutschen Bundesbahn

Name	von – bis	woher	wohin	Bemerkungen
Fritz Busch	1946 – 1949	Generaldirektor bei der Reichsbahn (West) in der britischen Zone	pensioniert	als Generaldirektor, Präsident bzw. Leiter der Hauptverwaltung bezeichnet
Walther Helberg	1949 – 1952	Stellvertreter von Busch und Präsident des Reichsbahn-Zentralamtes in Göttingen	Präsident der Bundesbahndirektion Hamburg	kommissarischer Nachfolger Buschs
Edmund Frohne	1952 – 1957	Staatssekretär im Bundesverkehrsministerium	Ruhestand	Erster Präsident im Vorstand
Heinz Maria Oeftering	1957 – 1972	Bundesfinanzministerium		Erster Präsident und Vor- des Vorstands
Wolfgang Vaerst	1972 – 1982	Leiter der Abteilung Eisenbahn im Bundesverkehrsministerium	Geschäftsführer der Aahaus-Alstätter Eisenbahn	
Reiner Gohlke	1982 – 1990	Geschäftsführer bei IBM Deutschland	Süddeutscher Verlag	Vorsitzer des Vorstands, aber nicht mehr Erster Präsident
Heinz Dürr	1990 – 1993	Geschäftsführer der AEG	Vorstandsvorsitzender der Deutschen Bahn	

▲ Die Deutsche Reichsbahn (West) erhält die ersten 75 Güterwagen, gebaut für das Geld des Marshallplans in der Tschechoslowakei (1948). Insgesamt werden es 3480 sein.

Süddeutsche Zeitung Photo

zember 1951 hinzu. Ein Erlass des Bundesverkehrsministeriums proklamierte am 11. Oktober 1949 die Deutsche Bundesbahn.[2]

Das Bundesbahn-Gesetz ging von den gemeinwirtschaftlichen Aufgaben der Staatsbahn aus. Mit anderen Worten: Die Regeln der 1948 eingeführten sozialen Marktwirtschaft galten Regeln für die Deutsche Bundesbahn nicht! Der Staat dachte gar nicht daran, die Kosten für die wettbewerbsbehindernden Aufgaben, wie die Erhaltung des Fahrwegs oder die Fahrpreisermäßigungen aus sozialen Gründen, zu übernehmen. Der Staat vernachlässigte die Eisenbahn, er verkündete Wohltaten für die Bevölkerung, ohne sich um deren Finanzierung zu kümmern. Dafür ein Beispiel: Der damalige Familienminister Franz-Josef Wuermeling (1900–1986) veranlasste die Verabschiedung eines Gesetzes, dass zum 15. März 1956 den nach dem Mini-

ster benannten Wuermeling-Pass einführte: 50 Prozent Fahrpreisermäßigung für Kinder aus Familien mit drei und mehr Kindern, für die die Erziehungsberechtigten Kindergeld erhielten (die Ermäßigung war nicht abhängig vom Einkommen). Der Ausgleich zum normalen Fahrpreis blieb ungeregelt. Das Gesetz galt bis zum 31. Dezember 1992!

Der letzte Eisenbahner an der Spitze

Von 1946 bis 1949 war Fritz Busch Generaldirektor, von 1949 bis 1952 Walter Helberg.[3] In deren Amtszeit war die Hauptverwaltung der Deutschen Bundesbahn eine Hauptabteilung des Bundesverkehrsministeriums. Erst im Jahr 1952 entstanden die nach dem Bundesbahnge-

---

2   In einer Hausmitteilung war sie bereits am 7. September 1949 ohne gesetzliche Grundlage für das Vereinigte Wirtschaftsgebiet so bezeichnet worden.

3   Helberg war nach Gründung der Deutschen Bundesbahn nur noch kommissarisch deren Erster Präsident. Er wurde zu Gunsten Frohnes nach Hamburg als Präsident der Bundesbahndirektion abgeschoben.

setz vorgesehenen Organe, wie der Vorstand, zu
dem bis 1957 die Präsidenten Edmund Frohne
als Vorsitzer, Johann Hatje, Werner Hilpert und
Fritz Schelp gehörten.

Mit Frohne stand zum letzten Mal ein Eisenbahner an der Spitze der Bundesbahn. Der Bau-
ingenieur war bei den Reichsbahndirektionen
Dresden und Hannover tätig, erhielt 1942 in
Braunschweig eine Professur und wurde in der
ersten Bundesregierung unter Verkehrsminister Hans Christoph Seebohm Staatssekretär.

In der Verwaltung der Reichsbahn (West) bzw.
Bundesbahn arbeiteten die Beamten nach den
alten Vorschriften und in deren Geiste. Sie und
auch viele Eisenbahner der unteren Hierarchien
meinten, über kurz oder lang werde die Deutsche Reichsbahn im vereinigten Deutschland
wieder auferstehen. [7] Getrennte Wege mussten die Reichsbahn (West) und Reichsbahn
(Ost) schon wegen der Demarkationslinie bzw.
Zonengrenze beschreiten, die von der sowjetischen Besatzungsmacht immer undurch-
dringlicher gemacht wurde, so dass man für
diese Grenze den von den Theaterbühnen be-
kannten und von Winston Churchill geprägten
Begriff »Eiserner Vorhang« verwendete. Durch
ihn wurde der briefliche und telefonische
Verkehr zwischen den Eisenbahndienststel-
len und den übergeordneten Stellen ständig
erschwert. Im Osten waren bis auf wenige
Stellen die Gleise vom letzten Bahnhof bis zur
Zonengrenze abgebaut worden. Im Westen
nicht. Unverdrossen stand in den Bundesbahn-
Mitteilungen 1/51: »Der gesamte Unterbau einschließlich der Brücken soll [...] erhalten bleiben,
so daß die Gleisverbindungen mit der Ostzone
wieder hergestellt werden können, sobald es
die Verhältnisse gestatten.« [20]

In der Nachkriegszeit musste sich die Bevölkerung auch im Verkehrswesen mit vielen Behel-
fen und Mangelerscheinungen abfinden. Dazu
gehörten das alliierte Verbot, neue Fahrzeuge
zu bauen, die angeordneten Demontagen, der
Transport der Reisenden in offenen Güterwagen, die ständige Überfüllung der Züge und
besonders im Winter 1946/1947 der Mangel

▲ Heimkehr aus sowjetischer Kriegsgefangenschaft in DR-
Güterwagen auf einem Nebengleis des Ulmer Hauptbahnhofs
(1949).   Slg. Stadtarchiv Ulm

von Heizmaterial und Lebensmitteln. Auch im
Westen hungerten die Eisenbahner und hatten
es schwer, Baumaterial und Werkzeuge zu be-
schaffen. Der Engpass bei Steinkohlen bewirkte
den Ausfall von 26 Schnell- und Eilzugpaaren
vom 10. Januar 1951 an.

Andererseits musste die Bundesrepublik den
USA vom 1. Oktober 1955 an monatlich 50.000
Tonnen minderwertige Kohlen abnehmen, so
dass die Steinkohlenreserve für die Dampflokomotive unaufhörlich wuchs. 1958 lagerten
900.000 Tonnen, unter anderem in den Häfen
Kehl und Mannheim.

Unterdessen vollbrachten die während des
Krieges in der Heimat gebliebenen und die
zurückgekehrten Eisenbahner, die Ausge-
bombten und die Flüchtlinge, die auf eine
feste Anstellung bei der Reichsbahn und für
sich einen Neuanfang hofften, eine beispiel-
lose Wiederaufbauarbeit. Der Friedenszustand
wurde und konnte jedoch nicht wiederherge-
stellt werden, die Narben des Krieges blieben
wie die gesprengte Brücke über den Rhein bei
Wesel und die vielen zerstörten Empfangs- und
Dienstgebäude.

Über Jahre fehlte es für den Wiederaufbau an
Geld und Material. Die durch die Kriegsschäden
bedingten finanziellen Belastungen gingen

▲ Der wiederaufgebaute Hauptbahnhof in München wurde wieder eine Drehscheibe des Reiseverkehrs in Süddeutschland (nach 1960)　*Slg. DB-Museum*

über die der Deutschen Reichsbahn nach dem Ersten Weltkrieg einschließlich der Reparationen weit hinaus.

Wie der Wiederaufbau bei der Bahn finanziert werden sollte, blieb offen. Die Bautätigkeit musste 1952 eingeschränkt werden, obwohl zahlreiche Gebäude noch vom Krieg beschädigt und Behelfszustände geblieben waren. Die Eigenmittel reichten nicht, Kredite wurden verweigert. Ende 1951 wurden

▲ Die hohe Schalterhalle des 1957 fertiggestellten neuen Empfangsgebäudes vom Kölner Hauptbahnhof erlaubt den ungehinderten Blick auf den Dom　*Slg. Hörnemann*

▲ *Erstes Großprojekt eines Bahnhofsgebäudes der Bundesbahn war der 1955 eröffnete Hauptbahnhof Heidelberg, baukünstlerisch und betriebstechnisch eine Höchstleistung.*

▲ 110 005 auf dem Grenzbahnhof Ludwigsstadt (1970). Zu dieser Baureihe bzw. E 10 gehörten die zuverlässigsten elektrischen Lokomotiven der Bundesbahn

Foto: Klahr

der Bundesbahn aus dem European Recivery Programm (ERP) ganze 45 Millionen Mark zugesagt, ein Tropfen auf den heißen Stein, da 2,8 Milliarden Mark zum Nachholen der Unterhaltungs- und Erneuerungsrückstände sowie 1,3 Milliarden Mark für den Wiederaufbau kriegszerstörter Anlagen nötig waren. Der Eisenbahn blieb die Nebenrolle unter den Verkehrsträgern, und das bis in die Gegenwart!

Nur durch Kredite, oft von den Ländern, wie 3 Millionen Mark aus dem »Bayernkredit« für den Neubau der zerstörten Empfangsgebäude Rosenheim und Freising, und von den Kommunen der Bundesbahn vorgestreckt, war der Wiederaufbau der Verkehrsanlagen möglich.

Das andere Problem waren die Folgen der neuen »innerdeutschen« Grenze, die die Verkehrsströme wesentlich veränderte. Statt des bisher vorherrschenden Ost-West-Verkehrs floss nun der Reise- und Güterverkehr hauptsächlich in der Nord-Süd-Richtung, wodurch Bahnhöfe (wie Soest oder Börßum) und Strecken (Nürnberg – Saalfeld, Hof – Plauen) bedeutungslos wurden, andere Strecken Investitionen erforderten, um ihre Belastung wenigstens erträglich zu machen (Würzburg/Frankfurt am Main – Hannover – Hamburg mit dem außerordentlichen Engpass der 12 Kilometer langen Rampe von 13 Promille Neigung Bebra – Cornberg sowie die beiden Rheinstrecken).

Die Gelegenheit ging verloren, die Kriegszerstörungen dazu zu nutzen, unzulänglich gewordene Anlagen oder Fehlplanungen der Vergangenheit durch Neubauten zu ersetzen. Dazu fehlte es an einer entschlossenen und weitsichtigen Verkehrspolitik. Der Straßenverkehr blieb auf dem Vormarsch, schon weil dort die Investitionen früher sichtbar wurden – ein wesentlicher Gesichtspunkt für Politiker, zumal in Wahlkampfzeiten!

▲ 103 146 in Intercity-Farben in Koblenz (1993). Die Lokomotiven der Baureihe E 03 bzw. 103 waren sicherlich die besten der Bundesbahn, bald wurden sie legendär.

▲ 403 006 als Intercity in Brackwede (1974). Mit dieser Fahrzeugentwicklung wusste die Bundesbahn nichts Endgültiges anzufangen. Zeitweise vermietet die DB die Fahrzeuge an die Lufthansa, die mit ihnen den Airport-Express Düsseldorf – Frankfurt betrieb.

Foto: Schulz

▲ Der Güterbahnhof Hagen-Haspe zur Zeit des Wirtschaftswunders (1958). Vom Klöckner-Stahlwerk blieb nur eine Brache übrig.

DB-Museum/Säuberlich

Die ersten Probelokomotiven

Die Kriegszerstörungen erlaubten wenigstens eine tiefgreifende Modernisierung. Das vorhandene und belastete Netz sollte elektrifiziert, der Rest auf Dieseltraktion umgestellt werden. Bereits im Dezember 1952 lieferte die Industrie vier Probelokomotiven der vom Bundesbahn-Zentralamt München entwickelten und dann auch bewährten Lokomotive der Baureihen E 10 (110) aus. Später folgten zuverlässige Lokomotiven der Baureihen E 03/103, V 200/220 und weitere Serien von Diesellokomotiven. Die Bundesbahn wurde zum Pionier vieler Entwicklungen auf technischem Gebiet, wie die des Spannbetonschwellen-Oberbaus oder der Relaisstellwerke.

Mit der Modernisierung hielt zunächst die Organisation der Bundesbahn nicht Schritt. Ihr Aufbau blieb wie einst die Struktur der preußischen Staatseisenbahnen mit der Hauptverwaltung an Stelle der Generaldirektion, den Bundesbahndirektionen sowie den 154 Betriebs- und 70 Verkehrsämtern. Es hielten sich auch die Bezeichnungen Präsident und Amtsvorstand. Auch von der Sortierung der Eisenbahner in Beamte, Angestellte und Arbeiter ging man nicht ab.

Am 1. Januar 1957 vergrößerte sich das Streckennetz um 530 Kilometer (= 1,8 Prozent des DB-Gesamtnetzes) mit 13.624 Eisenbahnern durch ein »neues Bundesland«, denn die Eisenbahnen des Saarlandes (EdS) gingen am 2. Januar 1957 in die Deutsche Bundesbahn auf, die EdS-Direktion Saarbrücken wurde Bundesbahndirektion (siehe 6. Abschnitt).

In jenem Jahr, das auch als das Ende der Periode des Wiederaufbaus und der Beginn der umfassenden Modernisierung angesehen wird, trat am 13. Mai Heinz-Maria Oeftering als Erster Präsident und Vorsitzer des Vorstands mit Hans Geitmann, Karl Koch und Fritz Schelp an (vier Vorstände ge-

93

▲ Der 68-Jährige Heinz-Maria Oeftering übergab im Mai 1972 den Vorsitz des DB-Vorstandes dem 40-Jährigen Wolfgang Vaerst (1972).　*Slg. DB-Museum/Rossberg*

nügten seinerzeit!). Oeftering besaß zwar die akademischen Grade Professor und Doktor, ihm fehlte aber die Vorbildung als Eisenbahner. Er, wie auch später sein Nachfolger Wolfgang Vaerst von 1976 an, propagierten die »moderne Bahn« als ein Unternehmen, das auf der Höhe der Zeit steht und dem Standard der zweiten Hälfte des 20. Jahrhunderts entspreche.

Dank eines technischen und wirtschaftlichen Aufschwungs sprach man später von einer Ära Oeftering wie man die beste Zeit der Vorkriegs-Reichsbahn als Ära Dorpmüller ansieht. Die Bundesbahn befand sich 1957 in einer schwierigen Lage infolge unzureichender Erträge und hoher Kosten, die zu einem Rekorddefizit führten. Dabei hatte die Bahn volkswirtschaftliche Lasten zu tragen, wie die Wegekosten, die dem Straßenverkehr kaum zugemutet wurden, so dass Oeftering feststellte: »Nicht der Bund subventioniert die Bundesbahn, sondern die Bundesbahn laufend den Bund.«

Das rückständige Bundesbahngesetz und die abweisende Haltung des Finanzministers behinderten die Modernisierung und Rationalisierung. Die Spirale aus Jahresfehlbeträgen, zunehmender Kreditaufnahme, wachsendem Schuldendienst und wieder steigenden Jahresfehlbeträgen kam nie zum Stillstand. Die Rückstände in der Erneuerung sowie Instandhaltung der Anlagen und Fahrzeuge wurden bereits sichtbar. Eine Reihe von Untersuchungen (darunter 1960, die Hälfte der 7.171 Bahnhöfe und Abfertigungen auf ihre Wirtschaftlichkeit, um sie ggf. stillzulegen), Stellungnahmen, Gutachten und Initiativen des Bahnvorstandes zum Thema »Wie gelingt es, die ‚Verschuldung' der Bahn abzutragen?« begann.

Die Deutsche Bundesbahn solle wie ein Wirtschaftsunternehmen nach kaufmännischen Gesichtspunkten geführt werden. Diese 1961 ausgelöste Strategie war insbesondere unter den Eisenbahnern umstritten. Denn einerseits war sie gekennzeichnet durch

o Verbesserung des Standards im Oberbau und moderne Verfahren bei der Instandhaltung des Oberbaus;

o Elektrifizierung der stark belasteten Strecken;

o Neubauvorhaben wie Umbau von Kopf- zu Durchgangsbahnhöfen (Braunschweig, Kempten, Ludwigshafen) oder die »Vogelfluglinie« nach Puttgarden;

o Fernsteuerung von Strecken;

o Verbesserung der Linienführung, um die zulässigen Geschwindigkeiten anzuheben;

o Neue Fahrzeuge: VT 08.5 als Fernschnelltriebwagen, V 200.0 als Diessellokomotive für den Fernverkehr, Schienenbusse VT 95/ VT 98 (»Retter der Nebenbahn«), Diessellokomotiven der Baureihen 218, elektrische Lokomotiven der Baureihen E 10, E 40, E 41, E 50, schließlich 103, 420 für den S-Bahn-Verkehr, klimatisierte Reisezugwagen, Spezialisierung von Güterwagen;

o Neue Organisation des Fern- und Nahreiseverkehrs: F-Züge, Trans-Europ-Expresszüge, von 1971 an das Intercity-Netz, beschleunigter Bezirks- und Nahverkehr;

o Beschleunigung des Güterzugverkehrs durch Geschwindigkeiten bis 100 km/h, Containerzüge, Ganzzüge für Massengut;

o Einführung des Zugbahnfunks.

▲ F 141 »Sachsenroß« verlässt den Bahnhof Bielefeld (1971). Das Intercity-Netz wird zur Erfolgsgeschichte.   Foto: Schulz

Andererseits gehörte zur vollständigen Umgestaltung von der Behörde in ein Wirtschaftsunternehmen die Umgestaltung der inneren Organisation, des äußeren Erscheinungsbildes und der inneren Einstellung der Eisenbahner zu ihrem Beruf (»kaufmännisches Denken«). Einiges von diesen Aktionen stieß auf das Missfallen der Betroffenen, der Eisenbahner wie der Reisenden, Kunden und Bürgermeister, insbesondere die Stilllegung von Haltepunkten, Bahnhöfen, Werkstätten und Strecken (bis 1993 über 9000 Kilometer für den Reiseverkehr stillgelegt, 5222 Kilometer auch für den Güterverkehr) und der rigorose Abbau von Stellen, die permanente Vernachlässigung und Verschlechterung des Kundendienstes. Zu den Maßnahmen gehörten

○ die Zahl der Bundesbahndirektionen von 16 auf 10 zu beschränken (Auflösung der Bundesbahndirektionen Augsburg, Kassel, Mainz, Münster, Regensburg, Wuppertal

bis zum 30. Mai 1976), Zusammenlegen von Ämtern und Dienststellen;

○ Ersatz der Stellwerke mechanischer und elektromechanischer Bauart durch Relais- und die vor allem als Zentralstellwerke sowie der Blockstellen durch automatischen Selbstblock;

▲ Der elektrische Zugbetrieb nun bis Köln: Am 17. November 1958 brachte die Lokomotive E 40 110 einen Eilgüterzug von Remagen nach Köln-Gereon.   Foto: BD Köln/Fischer, Slg. Reinshagen

▲ Ablaufberg und Lokomotivschuppen des Betriebswerks Hohenbudberg waren bis zur Stillegung des Rangierbahnhofs noch zwölf Jahre in Betrieb (1974). *Foto: Blaurock*

▲ Ebelsbach-Eltmann an der Strecke Bamberg – Würzburg 1902 und 1971 – wie man einen Bahnhof verhässlichen kann. *Slg. DB-Museum*

▲ Durchfahrt in Neubeckum: Grüne Güterzuglokomotiven wie 140 413 vor langen Zügen waren auf den Gütermagistralen ein gewohnter Anblick (1990). *Foto: Josef Högemann*

o Umstellung auf Busverkehr bei schlecht ausgelasteten Nebenbahnen (wozu auch die Bahn mit mannigfaltigen Maßnahmen beitrug)[4];

o Konzentration des Stückgutverkehrs und stufenweise Verlagerung auf den Lkw.

Die finanzielle Lage der Bahn veränderte sich nicht, die Zuschüsse des Bundes von zuletzt jährlich 13 Milliarden Mark reichten nicht, um Ausgaben und Einnahmen in der Bilanz auszugleichen.

Immer weniger Dienstkräfte

Die Zahl der »Dienstkräfte« sank von Jahr zu Jahr. Den höchsten Personalstand hatte die Bahn im August 1948 mit 602.000 Personen. Die Währungsreform zwang sie 1948/1949, Zehntausende Arbeiter zu entlassen, die sie für

die Fahrzeuginstandsetzung und den Wiederaufbau eingestellt hatte. 1952 gab es 523.000 Beschäftigte, 1958 über 516.000, 1969 nur noch 384.000, 1981 etwas über 321.491 und am 31. Dezember 1993 nur noch 229.310.

Der Verkehrsdienst wurde 1968 auf einen kommerziellen Dienst mit Generalvertretungen für die Kundenwerbung umgestellt, man bezeichnete ihn nun als »Absatz«, den Betriebsdienst als »Produktion«, das Eisenbahnspezifische verlor sich peu à peu, verglichen mit den Veränderungen nach 1994 immer noch recht moderat. Am Grundsätzlichen änderte sich nichts: Der Marktanteil der Eisenbahn unter den Verkehrsträgern sank auf ein niedriges Niveau, im Personenverkehr auf acht Prozent, im Güterverkehr auf 17 Prozent. Die Frage nach dem Sinn und Zweck der Eisenbahn und ihrer Einordnung in Staat und Gesellschaft mit dementsprechenden Konsequenzen blieb unbeantwortet.

Mitte der siebziger Jahre richtete die Bundesregierung ihre Investitionen nicht mehr einseitig

---

4 Die Stillegungsserie begann im Juli 1951 mit der Strecke in 900 mm Spurweite Gelnhausen – Bieber.

▲ Das Zentralstellwerk der Bauform SpDr S 59 in Altenbeken (1963).

▲ Am 7. Juli 1977 ging der größte Rangierbahnhof der DB in Maschen, südlich Hamburgs, in Betrieb.

auf die Konkurrenz der Bundesbahn, die Fernstraße und Autobahnen, sondern ermöglichte auch den Aus- und Neubau von Eisenbahnstrecken. Waren im Regelbetrieb Geschwindigkeiten bis zu 200 km/h auf den Ausbaustrecken bereits sensationell,[5] so wurden endlich neue Strecken geplant und ohne Rücksicht auf Gebirgszüge und Flussläufe trassiert. Dank dem neuen Standard (Regelhalbmesser 7.000 Meter, größte Streckenneigung 12,5 Promille, keine schienengleichen Bahnübergänge) konnten nicht nur wegen der Geschwindigkeiten von 250 bis 280 km/h die Reisezeiten wesentlich, sondern auch die Streckenlänge verkürzt werden. Das traf zuerst auf die stark belegte Verbindung Hannover – Würzburg zu, deren

5   Erstmals vorgeführt 1964 anlässlich der Internationalen Verkehrsausstellung in München

▲ Im Grüngürtel gebaut, ging der Rangierbahnhof München Nord 1991 in Betrieb (1991). 2009 drohte seine Stilllegung wegen Wagen- und Beschäftigungsmangels.   *Foto: DB/Finzel*

Züge im Leine-, Werra- und Maintal sowie im Spessart infolge der zahlreichen Gleisbögen für hohe Geschwindigkeiten ungeeignet war.[6] Die Neubaustrecke, deren Bau am 22. Mai 1981 begann, ist am 28. Mai 1991 eröffnet worden, der Teilabschnitt Fulda – Würzburg bereits am 19. Mai 1988. Mit der neuen Hochgeschwindigkeitsstrecke begann auch das Zeitalter der elektronischen Stellwerke, und zwar als Probebetrieb im November 1988 auf dem Bahnhof Murnau.

Diese Hochgeschwindigkeitsstrecke mit den Intercity-Express-Zügen (ICE) führte zu einer der größten Fahrplanumstellungen der Bundesbahn, zumal bereits die Veränderungen durch den Wegfall der innerdeutschen Grenze und den Beitritt der DDR zur Bundesrepublik zu berücksichtigen war. Endlich gelang es der Bahn einen Teil des Fernreiseverkehrs von der Straße und auch vom Flugzeug an sich ziehen.

Allerdings standen (und steht) den Planern des Hochgeschwindigkeitsverkehrs eine jahrzehntelange Abwehr der Bürger, Verbände, Kommunen und Politiker gegenüber, die mit ihren Interessen berücksichtigt werden wollten. Deshalb und wegen der oft ungeklärten Finanzierung blieben die Hochgeschwindigkeitsstrecken nur Stückwerk, denn die Intercity-Expresszüge befahren auf weiten Laufwegen wie Hamburg – München nur teilweise Hochgeschwindigkeitsstrecken. Zur grundlegenden Erhöhung der Reisegeschwindigkeit der Fernzüge kam es auch wegen der häufigen Unterwegshalte nicht.

---

6   Höchste Streckenbelegung im Abschnitt Würzburg – Gemünden

▲ Ein neues Zeitalter des Bahnreisens wurde mit dem Intercity-Express angekündigt und zur Eröffnung des ersten Abschnitts Fulda – Würzburg am 27. Mai 1988 bei Burgsinn mit den Parallelfahrten schon mal geübt. Von links: 50 622, 601, 410 und 120 102.　*DB-Museum*

Bevorzugung des Schnellverkehrs?

Kritiker werfen der Bahn allerdings vor, bei der Bevorzugung des Hochgeschwindigkeitsverkehrs den übrigen Fernreiseverkehr zu vernachlässigen, mit dem Linienverkehr der Intercity-Express- und Intercity-Züge systematisch die umsteigefreien Verbindungen über andere Strecken abgeschafft zu haben und im Güterverkehr auf dem niedrigen Niveau, auf das er in den Jahrzehnten seit dem Zweiten Weltkrieg gesunken war, geblieben zu sein.

Das Ende der mit der Linie 12 Hamburg – Göttingen – Kassel/Fulda eingeführten Interregio-Züge (zwischen Heilbronn und Würzburg fuhren als zweijähriger Test sogar Interregio-Busse!) mit den Sitzlandschaften, über vom Intercity-Express gemiedenen Strecken mit häufigen Unterwegshalten wird von vielen Bürgern als Sünde angesehen. Diese Züge schlossen die Lücke zwischen dem Nah- und dem Hochgeschwindigkeitsverkehr, ersetzten komfortabel die früheren Schnellzüge.

Die Regierungskommission Bundesbahn

Nachdem sich die Maßnahmen des »Gesundschrumpfens« als untauglich erwiesen, berief

die Rolle der Deutschen Bundesbahn im nationalen und europäischen Verkehrsmarkt darzustellen;

die Leistungsbereiche, bei denen die Bahn auf Dauer wettbewerbsfähig sein kann, von jenen Aufgaben abgrenzen, die wegen des Gemeinwohls auszuführen sind;

sowie Vorschläge für die organisatorischen, betriebswirtschaftlichen und rechtlichen Voraussetzungen einer »anforderungsgerechten Aufgabenerfüllung« und auch zur Lastenverteilung im Schienenpersonennahverkehr vorzulegen.

Die Gewerkschaft der Eisenbahner Deutschlands (GdED) prahlte in dieser Zeit mit ihrer Stärke, bewirkte jedoch im Wesentlichen nichts, so wie sie zehn Jahre später – allerdings umbenannt in Transnet – Bahnchef Hartmut Mehdorn auf seinem Weg in Richtung Börse ohne großen Widerspruch folgte.

Infolge der politischen Gegebenheiten bezog die Kommission auch die Deutsche Reichsbahn in ihre Betrachtungen ein und schlug schließlich die sogenannte Bahnreform vor, zu der die Entschuldung der Bahn gehörte. Der Auftakt der Bahnreform war nichts weiter als eine Organisationsmaßnahme: Die Deutsche Bundesbahn fusionierte mit der Deutschen Reichsbahn und dem Sondervermögen in West-Berlin am 31. Dezember 1993. An diesem Tag, um 24 Uhr, endeten 44 Jahre Geschichte der Deutschen Bundesbahn seit 1949 oder 48 Jahre seit 1945.

das Bundeskabinett am 12. Juli 1989 die »Regierungskommission Bundesbahn«, die 1991 einen Bericht vorlegen sollte. Sie hatte

Was sonst noch geschah	
15. Mai 1949	Schnellzüge dürfen wieder 100 km/h statt der 85 km/h fahren.
1. April 1950	An Stelle der MITROPA nimmt die Deutsche Schlaf- und Speisewagen-Gesellschaft den Betrieb auf.
13. September 1950	Die Deutsche Bundesbahn erhält die erste Nachkriegslokomotive aus dem Neubauprogramm: die Dampflok 82 001.
19. Februar 1951	Eine Jury wählt die besten Vorschläge von Namen für Züge aus, erster Preis: »Münchner Kindl« für den Ft 30/29 Frankfurt (Main) – München.
1. April 1951	Auf dem Relaisstellwerk in Edesheim wird der erste Sprachspeicher in Betrieb genommen, der den Morsefernschreiber und die Läutewerke im Zugmeldeverfahren ersetzt.

20. Mai 1951	Der »Rheingold-Express« fährt als F 164/163 wieder (zum letzten Mal am 30. Mai 1987) und mit ihm acht aus blau lackierten Wagen gebildete Fernschnellzüge mit 120 km/h Höchstgeschwindigkeit in »Tagesrandverbindungen«.
14. Juli 1951	Als Ersatz für die Verbindung Warnemünde – Gedser wird die Fährverbindung Großen-brode Kai – Gedser eröffnet.
14. November 1951	Die erste Neubau-Diesellokomotive wird geliefert: V 80 006.
18. April 1952	Der erste Neubau-Dieseltriebwagen wird in Dienst gestellt: VT 08 501.
18. Mai 1952	Die ersten Neubau-Akkumulatoren-Triebwagen (Baureihe ETA 176), auch als Speicher-triebwagen bezeichnet, werden in Dienst gestellt.
9. Mai 1953	Die »Deutschland«, erstes Fährschiff der Bundesbahn, wird in Dienst gestellt, am 14. November 1957 folgt die »Theodor Heuss«.
17. Mai 1953	Mit 200 neuen Leichtbauwagen werden Leichtschnellzüge (LS) eingesetzt, die ohne Kurswagen verkehren, gegenüber herkömmlichen Schnellzügen weniger Unterwegs-halte haben und so die Reisezeiten um durchschnittlich 10 Prozent verkürzen.
3. Januar 1955	Die neue Firmenmarke, der »DB-Keks«, löst das Flügelrad ab.
5. Mai 1955	Der neue Hauptbahnhof Heidelberg wird eingeweiht. Er ersetzt den bisherigen Kopf-bahnhof.
28. März 1957	Die Schnellzugdampflokomotive 10 001 wird ausgeliefert.
2. Juni 1957	Trans-Europ-Express-Züge (TEE) werden zunächst im Tagesverkehr eingeführt, Nacht-züge sollen folgen.
1958	Im Betriebswerk Wanne-Eickel haben sich seit 1957 im Versuch die vier Tenderkabinen als Zugführerabteil in Güterzügen bewährt. Weitere 200 Tender werden dementspre-chend umgebaut.
3. April 1959	Der Verwaltungsrat genehmigte die Umstellung des Stromsystems auf dem Abschnitt Freiburg i. Br. – Neustadt der Höllentalbahn von 50 Hz auf 16 2/3 Hz, vollendet am 20. Mai 1960.
August 1959	Das größte Tunnelbauprojekt wird zwischen Attendorn und Olpe vollendet. Wegen der Biggetalsperre musste eine eingleisige Strecke auf 10 Kilometer Länge verlegt und davon auf 2,5 Kilometer Länge in einen Tunnel gelegt werden.
2. Dezember 1959	Als letzte für die Deutsche Bundesbahn gebaute Dampflokomotive wird 23 105 aus-geliefert.
1./2. Oktober 1960	Der Kopfbahnhof Braunschweig Hbf wird durch einen Durchgangsbahnhof mit neuen Anlagen des Abstellbahnhofs, des Bahnbetriebswerkes und einem bis 1964 erweiterten Rangierbahnhof ersetzt.
1. März 1967	Baubeginn der unterirdischen Verbindungsbahn München Hbf – München Ost wegen der Olympischen Sommerspiele 1972.
28. Mai 1967	Die neue Eisenbahn-Bau- und Betriebsordnung lässt für Reisezüge Geschwindigkeiten bis zu 160 km/h zu, zuerst angewendet bei allen Trans-Europ-Expresszügen. Der »Blaue Enzian« (TEE 54/55) fährt zwischen München und Augsburg bereits 180 km/h.
29. September 1968	Ein Streckenneubau! Die eingleisige, elektrifizierte Hauptbahn Gelsenkirchen-Buer Nord – Marl – Abzweigstelle Marl-Lippe wird eröffnet.
1. Juni 1969	Der Hauptbahnhof Ludwigshafen (Rheinl) ist vom Kopf- zum Durchgangs- bzw. Keil-bahnhof umgebaut. Auch Kempten (Allgäu) Hbf ist seit 25. September kein Kopfbahnhof mehr.
30. Oktober 1969	In München wird der erste dreiteilige Triebwagen der Baureihe 420 vorgestellt, die für den neuen S-Bahn-Verkehr in München beschafft werden.

26. September 1971	Das »Intercity-System« mit Im Zweistunden-Rhythmus verkehrenden Schnellzügen wird auf vier Linien eingeführt. Die Züge führen nur Wagen 1. Klasse und sind auf fünf Bahnhöfen verknüpft (»Korrespondenzhalt«), am 3.Juni 1973 ergänzt von City-D-Zügen auch mit Wagen 2. Klasse (»B-Netz«) und seit 27. Mai 1979 als »IC 79« im Stundentakt.
22. Januar 1976	Vorstandsvorsitzer Wolfgang Vaerst zeigt der Bundespressekonferenz das »Betriebs-wirtschaftlich optimale Netz der Deutschen Bundesbahn«. 1985 soll es nur noch aus 15.000 Kilometer Strecken bestehen. Bundesverkehrsminister Kurt Gscheidle beruhigt die Öffentlichkeit, das sei nur Material für politische Entscheidungen gewesen.
20. August 1976	Erster Rammschlag für die Neubaustrecke Mannheim – Stuttgart.
Januar 1977	Der Bauauftrag für fünf Prototyplokomotiven mit Drehstromtechnik wird erteilt. Mit Hilfe eines Modells der Stirnansicht der Baureihe 120 bestimmt der DB-Vorstand die äußere Erscheinung einer Lokomotive, die das Bild der Bundesbahn über das Jahr 2000 hinaus prägt. 120 001 wird am 1. Mai 1979 vorgestellt.
27. April 1977	Von einer aus Staatssekretären gebildeten Arbeitsgruppe erhält die Bahn den Auf-trag, bis 1981 den Personenverkehr auf rund 6000 Kilometer Strecken auf die Straße zu verlagern und von 1981 an auf rund 3000 Kilometer Strecken den Güterzugbetrieb einzustellen.
7. Juli 1977	Auf diesen Tag – den 7. 7. 77! – hat man gewartet, um in Maschen südlich von Hamburg den größten Rangierbahnhof Europas in Betrieb zu nehmen.
28. Mai 1978	Zwischen Hamburg und Bremen, Uelzen und Hannover, Donauwörth und Augsburg sowie München und Augsburg fahren die Züge im Regelverkehr mit Geschwindig-keiten bis zu 200 km/h (1988 sind es 640 Kilometer Strecken, die diese Geschwindigkeit zulassen).
31. Dezember 1983	Bis zum Jahresende werden zufolge des Rückgangs im Güterverkehr die Altbau-Ellok der Baureihen 118, 144, 145, 160, 192 ausgemustert, ebenfalls die Triebwagen der Bau-reihen 425, 432 und 455.
5. März 1986	Erstmals fährt ein Schienenfahrzeug mit – ausgewählten – Fahrgästen auf einem Teil der Neubaustrecke Mannheim – Stuttgart.
17. November 1986	Der Intercity-Experimental (ICE) stellt im Abschnitt Burgsinn – Rohrbach der Neubau-strecke Hannover – Würzburg in Anwesenheit des Verkehrsministers Werner Dollinger einen Geschwindigkeitsrekord von 345 km/h auf. Am 1. Mai 1988 erreicht der IC-E hier eine Höchstgeschwindigkeit von 406,9 km/h – zum damaligen Zeitpunkt Weltrekord.
11. Mai 1987	Das Ausbesserungswerk Weiden, dessen Stilllegung 1983 als unvermeidlich angekün-digt wurde, stellt den ersten Interregio-Wagen vor. Planungs- und Innovationsgesell-schaft für innovative Fahrzeugausstattung (PFA) in Fürth führt Regie beim Umbau der Wagen und lässt auf dem Gelände in Weiden eine neue Produktionsstätte errichten.
12. September 1989	In Passau trifft der erste Sonderzug mit 377 Botschaftsflüchtlingen aus Budapest ein. Ohne Vorankündigung kommen am 1. Oktober die Sonderzüge der ersten Flüchtlings-welle aus Prag über Dresden nach Hof Hbf. Sechs Züge mit insgesamt 5500 Menschen werden es an diesem Tag sein.
10. November 1989	Nachdem in der Nacht in Berlin die Grenzübergänge für jedermann passierbar sind, kommt es zu chaotischen Verhältnissen im Verkehr nach und von Berlin sowie über die Ost-West-Grenzübergänge. Bundes- und Reichsbahn bemühen sich, der neuen Reiselust Rechnung zu tragen. Ohne »Auftrag von oben« organisieren örtliche Eisenbahner den Personenverkehr über den bisher dem Güterverkehr vorbehaltenen Grenzübergang Ellrich – Walkenried.
20. Dezember 1989	Bundeskanzler Helmut Kohl entscheidet endgültig über die Trasse der Hochgeschwin-digkeitsstrecke Köln – Rhein/Main und beendet damit den jahrelangen, auch politisch motivierten Streit über die Trassenführung.

8 Mangelwirtschaft und Höchstleistungen

Die Deutsche Reichsbahn 1945 bis 1993

▲ Einfahrt Brieske (1972): Die Kohlen- und Leerwagenzüge gehörten zum gewohnten Bild in der DDR.

Die Deutsche Reichsbahn in der sowjetischen Besatzungszone behielt ihren Namen aus der Vorkriegszeit, weil sie die von den vier Alliierten erhaltenen Betriebsrechte in West-Berlin nicht durch eine Namensänderung aufs Spiel setzen wollte. Anregungen, sich »zeitgemäß« umzubenennen und dabei auf das »Reich« zu verzichten, gab es aus der DDR-Bevölkerung regelmäßig. Doch der traditionelle Name blieb; die Begründung, warum die Vorschläge abgelehnt wurden, fiel entweder ablehnend aus oder war falsch. Das Argument »Betriebsrechte in West-Berlin« wurde nicht genannt. [21]

Dabei war die Deutsche Reichsbahn zeit ihres Bestehens von 1945 bis 1993 unter den veränderten gesellschaftlichen Bedingungen nicht mehr die Dorpmüllersche Reichsbahn der Vorkriegszeit. Die Eisenbahner, die aus dem Krieg zurückgekommen oder in der Heimat geblieben waren, mochten viel von Früher erzählen, die Umwälzung unter dem Personal, die starke Ideologisierung des Arbeitslebens (führende Rolle der SED, unverbrüchliche Freundschaft zur Sowjetunion und die zunehmende Militarisierung), vor allem der Mangel auf allen Gebieten veränderte die Arbeitswelt wie noch einmal nach 1990.

Nach 1945 wurden sukzessive die aktiven Mitglieder der NSDAP von ihren Positionen entfernt, Mitläufer weiter überwacht, leitende Stellen von Kommunisten besetzt, selbst wenn sie dafür unqualifiziert waren (das Bonmot seinerzeit: »Der Präsident wird Schrankenwärter und der Schrankenwärter Präsident!«).

Auch wenn die Pläne vorsahen, das Transportvolumen ständig zu erhöhen, in der fast fünfzigjährigen Geschichte der Reichsbahn von 1945 bis 1993 konnte für die Instandhaltung, den Ersatz, den Neubau, für Modernisierung und Rationalisierung niemals das getan werden, was eigentlich geboten war. Was an Technik fehlte, musste durch Organisation Eifer und Improvisation ersetzt werden.

Der Abbau der zweiten, dritten und vierten Streckengleise, kompletter Strecken und Bahnhofsteile, von Sicherungsanlagen, die Abgabe von Lokomotiven und Wagen sowie der Ausrüstung der elektrifizierten Strecken für die Reparationslieferungen in Richtung UdSSR waren der größte Aderlass. Auch in den Westenzonen ordneten die Besatzungsmächte Demontagen an, aber nicht in dem Umfang wie in der sowjetischen Besatzungszone und nicht unter der Maßgabe, ständig höhere Transportleistungen zu verlangen.

Während das Fernsprechnetz ziemlich rasch in Ordnung gebracht werden konnte, sank der Anteil mehrgleisiger Strecken von 6081 Kilometer auf 1063 Kilometer. Nur die wichtigsten Hauptbahnen behielten das zweite Gleis wie Lutherstadt Wittenberg – Halle – Erfurt, Halle/Bitterfeld – Leipzig – Altenburg, Magdeburg – Marienborn und Freital-Potschappel – Chemnitz.

Andere Strecken erhielten nach 1950 das zweite Gleis nur deshalb wieder, wie Frankfurt (Oder) – Guben, weil das Oberbaumaterial durch Streckenstillegungen und Abbau anderenorts, insbesondere in Richtung Zonengrenze, gewonnen werden konnte.

Nur zögernd wurden Bahnhofsteile wie auf den Rangierbahnhöfen Frankfurt (Oder) und Leipzig-Wahren und abgebaute Strecken wie-

▲ 1991 stand noch das Bahnhofsgebäude von Bühne-Rimbeck. Das Gleis zur Zonengrenze war längst abgebaut worden.

der aufgebaut, zum Beispiel 1950 Schwaan – Rostock, 1951 Forst – Kaltenborn, 1952 Bützow – Schwaan. Abschnittsweise konnte auch das zweite Gleis wieder hergestellt werden wie 5,38 Kilometer Unterwellenborn – Saalfeld, 9,87 Kilometer Köthen – Aschersleben 1951 sowie von Magdeburg nach Halle 1954. Erst in den siebziger Jahren sorgte ein »Programm zweiter Gleise« für den Wiederaufbau von 1000 Kilometern zweiter Streckengleise. Der Rückstand blieb. 1993 betrug der Anteil mehrgleisiger Strecken von Hauptbahnen 4.223 Kilometer (30 Prozent gegenüber 45,7 Prozent bei der Bundesbahn).

Neues entstand

Aber es wurde auch Neues gebaut: 1950 zwischen Genshagener Heide und Grünauer Kreuz der erste Abschnitt des Berliner Außenrings. Er ging auf einen alten Plan zurück, nach dem der Eisenbahnknoten Berlin mit seinen Kopfbahnhöfen entlastet sowie die Verschiebebahnhöfe Seddin, Wustermark und der geplante in Wuhlheide verbunden werden sollten. Die Anstrengungen, die Arbeitskräfte, das Material und die Bautechnik heranzuschaffen, waren inzwischen politisch motiviert. Der Verkehr nach Ost-Berlin sowie der Durchgangsverkehr sollten die drei Berliner Westsektoren umgehen.

Außer dem bis 1957 geschlossenen Berliner Außenring mussten weitere große Bauvorhaben zu Lasten des Ausbaus und der Modernisierung des bestehenden Netzes ausgeführt werden:

- Strecken- und Bahnhofsbauten im Gebiet der Sowjetisch-Deutschen Aktiengesell-

Totes Feuerbett

Schicht aus faustgroßer Schamotte, Ziegelsteinbruch, Schlacke oder Schotter auf dem Rost der Dampflokomotive. Die Schicht behindert bei Beibehaltung der Spaltenbreite des Rostes das Durchfallen unverbrannter Braunkohlen und kann bei Steinkohlenfeuerung wieder entfernt werden.

500.000er- und 500-er-Bewegung

Von der UdSSR 1950 übernommener Wettbewerb, nach dem jede Dampflokomotive ohne Reparatur täglich 500.000 Bruttotonnen-Kilometer oder 500 Kilometer Laufweg erreichen sollte. Im Bahnbetriebswerk Zittau wurde im Februar 1951 daraus die 250er-Bewegung (täglich 250 Kilometer Laufweg) entwickelt, weil der Fahrplan bei Nahgüterzügen nach Bischofswerda keine höhere Leistung zuließ.
Dieser Bewegung war auf Dauer kein Erfolg beschieden.

▲ Ein markantes Stellwerksgebäude stand am Südlichen Berliner Außenring.

schaft Wismut Aue – Johanngeorgenstadt 1949 – 1952;
- die viermalige Verlegung der Strecke Merseburg – Querfurt (Geiseltalbahn) wegen der Braunkohlenförderung 1959 bis 1964;
- der Bau der Strecken und Bahnhöfe im Niederlausitzer Kohlenrevier und für das Kombinat Schwarze Pumpe sowie die Verlegung von Strecken südlich von Leipzig wegen des Braunkohlenabbaus;
- der Anschluss des Überseehafens Rostock mit dem Rangierbahnhof sowie der Wiederaufbau der abgebauten Strecke (Rostock –) Lalendorf – Neustrelitz;
- die Verlegung von Strecken zur Grenzsicherung am 13. August 1961, insbesondere um Berlin und in Thüringen.

Eine weitere Erschwernis nach dem Kriegsende war der Kohlenmangel. Die Steinkohlenlieferungen aus dem Ruhrgebiet fehlten, die aus Schlesien waren unzuverlässig und spärlich. Die sowjetischen Besatzungszone bzw. die DDR verfügte nur über ein kleines Steinkohlenrevier in Oelsnitz (Erzgeb). Das Lokomotivpersonal musste sich auf Braunkohlen- und Brikettfeuerung umstellen, so dass das Liegenbleiben von Zügen, Verspätungen wegen Dampfmangels, aber auch die Verschlechterung des Oberbaus durch die Verschlackung an der Tagesordnung waren.

Allerlei Erfindungen, um mit den Braunkohlen zurecht zu kommen, wurden vorgestellt und auch eingeführt, etwa das »Tote Feuerbett« von

▲ Schnellzuglokomotive 17 1198 mit der Kohlenstaubfeuerung nach Wendler (1961).　*Fotos: Zentrale Bildstelle der DR*

Oskar Hönig (1912 – 1987). Dass Hans Wendler (1905 – 1989) mit dem »Kohlenstaubkollektiv« (Ernst Höhne, Wilhelm Helfers, Otto Watzel, Gustav Schern) im Reichsbahnausbesserungswerk Stendal brauchbare Kohlenstaublokomotiven konstruierte, war sicher eine viel beachtete Errungenschaft, aber keine Lösung des Problems. Die Aktivistenbewegung, die Schwerlastzugbewegung, die 500.000er- und 500er-Bewegung (»Fahren ohne Generalreparatur«) und ihre Protagonisten wurden herausgestellt, nicht nur wegen ihres Idealismus und ihrer Leistungen, sie halfen auch unbewusst der Propaganda Beispiele zu liefern, wie die Arbeiterklasse angeblich in der DDR mitregiert.

In der Phase des Wiederaufbaus wurden allerlei nützliche, aber auch unsinnige Ideen geboren. Dazu gehörte die Vorgabe von der Leitung des Ministeriums für Verkehrswesen 1966, bis 1970 sämtliche Schmalspurbahnen stillzulegen. Die 580 Arbeitskräfte im Reichsbahnausbesserungswerk »Deutsch-Sowjetische Freundschaft« Görlitz, das alle Schmalspurlokomotiven der DR unterhielt, sollten statt an Dampflokomotiven zu arbeiten, Brückenkonstruktionen herstellen. [24] Wenige Jahre nach diesem Einfall gab es, obwohl in Görlitz weiter Schmalspurlokomotiven repariert wurden, keine durch Kriegszerstörung bedingten Behelfsbrücken mehr, dafür zahlreiche Altersschäden.

Nach 1970 waren auch die Kriegsschäden an fast allen Bahnhofsgebäude behoben (Berlin Ostbahnhof, Dessau Hbf, Dresden Hbf, Dresden-Neustadt, Leipzig Hbf, Magdeburg Hbf) einige Bahnhöfe hatten neue Gebäude erhalten (Cottbus erst 1979!, Golzern, Grambow, Jena Saalbahnhof, Kietz, Plauen ob und unt Bf, Pritzwalk, Sangerhausen, Schwedt, Wriezen). In der Sicherungstechnik blieb der Rückstand. Vielen Strecken, darunter selbst dicht befahrene Hauptbahnen, fehlten 1970 noch immer die Einrichtungen des Streckenblocks. Auf einer nicht geringen Anzahl auch wichtiger Bahnhöfe hantierte man mit Schlüssel- statt Stellwerken, auch ohne elektrischen Bahnhofsblock. Abgesehen von einem Provisorium auf der Strecke Berlin – Dresden fehlte den Strecken die punktförmige Zugsicherung (Indusi).

Besonders neue oder erweiterte Stellwerke hatten nach 1950 die Mischform des mechanischen und des Relaisstellwerks »Block 51« erhalten. 1955 standen in Königs Wusterhausen und in Wildau Gleisbildstellwerke der Bauform GS 0, es folgten die der Bauform GS I DR ohne automatische Fahrwegprüfung. Das Werk für Signal- und Sicherungstechnik Berlin (WSSB) baute Weiterentwicklungen der Gleisbildstellwerke: 1958 Bauform GS II DR, 1964 Bauform GS II Sp 64 b, 1974 GS III Sp 68 DR, aber wegen der Exportverpflichtungen viel zu wenige. Die Deutsche Reichsbahn musste sich selbst helfen. Das Signal- und Fernmeldewerk baute elektromechanische Stellwerke, doch für die Relaisfertigung fehlte ihm das Know-how.

Wagen selbst gebaut

Auch auf dem Fahrzeugsektor hielt die Industrie mit den Ansprüchen der Reichsbahn nicht Schritt, so dass in den Reichsbahnausbesserungswerken Reise- und Güterwagen »rekonstruiert« und schließlich neue Fahrzeuge gebaut wurden, obwohl die Werke eigentlich auf die Instandsetzung eingerichtet waren. Aus Halberstadt kamen Reisezugwagen, aus Dresden offene Güterwagen, aus Leipzig gedeckte Güterwagen und Kesselwagen, aus Zwickau Container, aus Meiningen Dampfspeicherlokomotiven.

In den siebziger Jahren wurde deutlich, dass die in der Planwirtschaft übliche Bilanzierung der Investitionsmittel und -kapazitäten sowie die Zuteilung von Valutamitteln für Importe nicht ausreichten, um die einfache Reproduktion zu sichern. Die Erhaltung der Anlagen war unmöglich, geschweige denn ihre Modernisierung und an Beiträge zur Rationalisierung zu denken, um die Probleme des Arbeitskräftemangels insbesondere im Betriebs- und Verkehrsdienst sowie im Lokfahrdienst sowie in der Bahnunterhaltung zu lösen. Es wurde auf Verschleiß gefahren.

Die Entwicklung von Gleisbremstechnik und Geräten für die Oberbauinstandhaltung des Forschungs- und Entwicklungswerks Blankenburg deckte viel zu spät und den Bedarf nur teilweise ab. Die Höhe der Überstunden nahm dramatisch zu, die sozialen Bedingungen verschlechterten sich.

1946 hatte die Sowjetische Militäradministration in Deutschland (SMAD) den Abbau der Anlagen angeordnet, und sie zusammen mit den Lokomotiven und der Ausrüstung des Bahnstromwerks Muldenstein in die UdSSR abtransportieren lassen. 1952 kam es zu einem »Abkommen über den Verkauf von Elektrolokomotiven und Kraftwerksausrüstungen« zwischen der UdSSR und der DDR. Eigentlich war es ein Tauschgeschäft. Die UdSSR gab die inzwischen desolaten gewordenen Anlagen und Lokomotiven zurück, die DDR lieferte in Ammendorf gebaute Weitstreckenwagen.

Nach Aufarbeitung der Lokomotiven und Wiederinbetriebnahme des Bahnkraftwerks Muldenstein konnte am 1. September 1955 im Abschnitt Köthen – Halle der elektrische Zugbetrieb wieder aufgenommen werden, absichtlich genau zehn Jahre nach dem Erlass des Befehls Nummer 8 der SMAD, der die Eisenbahn »in Volkes Hand« übergab. Gemeint war die Betriebsführung nicht mehr durch sowjetischen Militäreisenbahner, sondern durch das Personal der Deutsche Reichsbahn.

Die unterstand nicht der SMAD, wie auch behauptet wird,[1] aber deren Transportabteilung kontrollierte schon wegen der militärischen Bedeutung des Eisenbahnwesens jahrelang dessen Funktionieren.

Diese Transportabteilung löste auch durch ihre Anfragen die Übernahme der meisten Privat- und Kleinbahnen durch die Deutsche Reichsbahn zum 1. April 1949 aus, juristisch als Nutznießung und Betriebsführung bezeichnet. Die Transportoffiziere achteten in der Nachkriegszeit außerdem darauf, dass alle wichtigen Stellen mit politisch zuverlässigem Personal, sprich:

▲ Der wahre Reichsbahn-Chef in den ersten Jahren nach dem Zweiten Weltkrieg war Generalmajor Kwaschnin, Befehlshaber der Transportabteilung der Sowjetischen Militäradministration in Deutschland. Hinter ihm (mit Hut) der spätere Verkehrsminister Hans Reingruber.

Parteikader, besetzt wurden. General Shukow hatte mit dem SMAD-Befehl Nummer 10 vom 18. Juli 1945 einen Dr. Apel als Generaldirektor der Deutschen Reichsbahn eingesetzt, über den aber nichts weiter bekannt ist. In Berlin wurden am 27. Juli 1945 elf Zentralverwaltungen gebildet, darunter die für Verkehr, die Vorform des künftigen Ministeriums für Verkehr. Der Chefpräsident der Zentralverwaltung, Wilhelm Fitzner (1891 – 1950), fungierte vom August 1945 bis Januar 1946 gleichzeitig als Generaldirektor der Hauptverwaltung der Deutschen Reichsbahn. Er fiel eines Tages wegen kritischer Äußerungen über den zunehmenden politischen Einfluss der SED in den Zentralverwaltungen in

Die DR-Generaldirektoren

Amtszeit	Name
1945	Apel
August 1945 – Januar 1946	Wilhelm Fitzner
Januar 1946 – 19. Januar 1949	Willi Besener
Januar 1949 – November 1950	Willi Kreikemeyer
November 1950 – 14. Dezember 1970	Erwin Kramer
15. Dezember 1970 – 13. November 1989	Otto Arndt
20. Dezember 1988 – 30. Mai 1990	Herbert Keddi[1]
1. Juni 1990 – 1. September 1991	Hans Klemm[2]
2. September 1991 – 31. Dezember 1993	Heinz Dürr[2]

1 Generaldirektior seit 1. April 1990, bis dahin Erster Stellvertreter des Generaldirektors
2 Vorsitzer des Vorstands

---

1 Bley: Eisenbahngeschichte(n) zwischen West und Ost. In: verkehrsgeschichtliche blätter 5/2009, Berlin

▲ Bis 1990 trug der Zugführer das rote Schulterband, ein Relikt aus der Zeit, als er eine Tasche mit der Dienstpost bei sich hatte.

Ungnade und verlor 1948 sein Amt. Nach seinem Austritt aus der SED setzte er sich nach West-Berlin ab. Nachfolger wurde Hans Reingruber (1888 – 1964), bis 1933 Ministerialrat im Reichsverkehrsministerium, danach Professor des Bauingenieurwesens an der Technischen Hochschule Dresden.

Auf den DR-Generaldirektor Fitzner folgte zum 1. Januar 1946 Willi Besener (1894 – 1960), bisher Präsident der Reichsbahndirektion Berlin, der sich 1950 wie Fitzner nach West-Berlin absetzte.

Nach Gründung der DDR am 7. Oktober 1949 wurde Reingruber Minister für Verkehr. Für den »fahnenflüchtigen« Besener wurde als Generaldirektor wieder ein Präsident der Reichsbahndirektion Berlin berufen: Willi Kreikemeyer (1894 – 1950), kein Verkehrsfachmann, sondern ein nach Frankreich emigrierter Antifaschist und deshalb bald verdächtig. Kaum im Amt, wurde

er der Spionage für den amerikanischen Geheimdienst beschuldigt, verhaftet und starb unter nie geklärten Umständen in der Untersuchungshaft.

Nun wurde der Stellvertreter Kreikemeyers, Erwin Kramer (1902 – 1979), Generaldirektor. Der in die UdSSR emigrierte Maschinenbau-Ingenieur wurde am 26. November 1954 als Nachfolger Roman Chwaleks (Minister für Eisenbahnwesen vom 30. April 1953 an) in Personalunion Minister für Verkehr. Man kann die Zeit bis zum 14. Februar 1970, als Kramer abtrat und der Eisenbahner sowie der SED ergebene Otto Arndt (1920 – 1992) Minister und DR-Generaldirektor wurde, auch als Ära Kramer bezeichnen. Denn der wurde als Eisenbahn-Fachmann geschätzt, er widersprach, wenn auch dosiert, unsinnigen Anordnungen von Partei und Regierung. Geehrt wurde er für sein Mitwirken bei der Konstruktion von Doppelstockwagen und Spurwechselradsätzen.

Alles blieb beim Alten

Auch unter Arndt blieb die Struktur der Deutschen Reichsbahn bis 1990 prinzipiell bestehen, in den drei Bereichen Eisenbahntransport, Fahr-

▲ Zu diesem Foto schrieb die »Fahrt frei«, die Mitarbeiterzeitung der Deutschen Reichsbahn der DDR: »Eine Delegation junger Eisenbahner des Reichsbahnbaubetriebes sei bei Minister Kramer gewesen, »um der Regierung für die Erhöhung des Lebensstandards zu danken. Die Jungeisenbahner kamen nicht mit leeren Händen. Sie überreichten Minister Kramer einen Scheck von 100.000 DM.« Geld für den Bau der Jugendlok ,V. Parteitag'«.   *Foto: Zentrale Bildstelle der DR*

zeugausbesserung und Eisenbahnbau, vertikal gegliedert in

o Hauptverwaltungen und zentrale Dienststellen (wie Abnahmeamt, Drucksachenverlag);
o acht Reichsbahndirektionen sowie der 1965 gebildeten Reichsbahnbaudirektion und der 1971 aus der Hauptverwaltung Reichsbahnausbesserungswerke hervorgegangenen Direktion der Ausbesserungswerke;
o 38 Reichsbahnämtern von 1946 an, 27 von 1955 an und
o örtlichen Dienststellen wie Bahnhöfe, Güterabfertigungen, Bahnbetriebswerke, Kraftwagenbetriebswerke, Bahnstromwerke, Aufarbeitungswerkstätten, Bahnbetriebswagenwerke, Bahnmeistereien, Hochbaumeistereien, Brückenmeistereien, Oberbauwerke, Signal- und Fernmeldemeistereien.

Einerseits änderte sich, abgesehen von Bezeichnungen und Unterstellungen, kaum Wesentliches an der Organisation der Deutschen Reichsbahn, andererseits stand die »Effektivität der Leitungsprozesse« wiederholt auf der Tagesordnung, blähte sich der Verwaltungsapparat immer mehr auf, trotzdem unterblieb eine Reorganisation. Dazu brauchte man den Segen des Politbüros der SED. Der für das Verkehrswesen zuständige Sekretär Günter Mittag (1926 – 1994) war an Veränderungen nicht interessiert. Man kann nur vermuten, warum. Er fürchtete wohl, die Leistungsfähigkeit der Deutschen Reichsbahn könnte während einer Strukturreform leiden.

Die Deutsche Reichsbahn war der wichtigste Verkehrsträger im Land. Dass sie unter den Verkehrsträgern dominierte, lag nicht nur an der mangelnden Versorgung der Bevölkerung mit Personenkraftwagen, sondern auch an den niedrigen Fahrpreisen. Der volle Fahrpreis 2. Klasse kostete je Kilometer 8 Pfennig, den kaum jemand bezahlte, sondern stattdessen eine der über 60 Fahrpreisermäßigungen bis zu 75 Prozent in Anspruch nahm.[2]

Das »Eisenbahnland DDR« lässt sich an der Zahl der Reisenden ablesen: 1988 waren es 599,7 Millionen bei 17 Millionen Bevölkerung. Die Deutsche Bundesbahn kam bei 60 Millio-

2 Gegenüberzustellen ist aber das durchschnittliche Nettoeinkommen je Familie, 1970 zum Beispiel 700 Mark.

Reichsbahndirektionen von 1945 bis 1993

Bezirk	von – bis	Bemerkungen
Berlin	1945 – 1993	
Cottbus	1946 – 1990	1990 Teile zu Berlin und Dresden
Dresden	1945 – 1993	
Erfurt	1945 – 1993	
Greifswald	1945 – 1990	1990 zu Schwerin
Halle (Saale)	1945 – 1993	
Magdeburg	1945 – 1990	1990 zu Halle
Pasewalk	1945	seit 20. März Dienstsitze der Rbd Stettin in Neustrelitz, Pasewalk und Ribnitz, seit 21. Juli als »Stettiner Direktion in Pasewalk«, Umzug am 6. Oktober nach Greifswald
Schwerin	1945 – 1993	
Wittenberge	1945	15. August bis 30. September für die Hauptbahn Berlin – Hamburg in der sowjetischen Besatzungszone, bisher Rbd Hamburg
Zwickau	1945 – 1945	vom 8. Mai bis Juli für die amerikanische Besatzungszone
Reichsbahnbaudirektion	1965 – 1991	
Direktion der Ausbesserungswerke	1971 – 1991	

▲ 52 8200 und 52 8005 bemühen sich den umgeleiteten Güterzug über die bogen- und steigungsreiche Strecke Großpostwitz – Cunewalde – Löbau zu bringen (1978).

Foto: Friedrich

▲ Anhaltender Zustand auf den Bahnhöfen der Reichsbahn: Die Gleise waren von Güterzügen besetzt. Löbau (Sachs) (1979)   *Slg. Kaden*

▲ Einen Kesselwagenzug von Rostock Überseehafen fährt die Lokomotive 42 1791 durch den Bahnhof Frankfurter Allee in Berlin (1964).   *Foto: Zentrale Bildstelle der DR*

nen Bevölkerung und weiteren Entfernungen nur auf das Doppelte an Personenkilometern (DR: 22,775 Milliarden Pkm; DB: 42 Milliarden Pkm).

Entscheidend für die Partei- und Staatsführung war, dass die Deutsche Reichsbahn die Transportpläne des Güterverkehrs erfüllte, zumal es den Betrieben an Transportmitteln mangelte. Die Kennziffer Beladung, also der Versand, wurden infolge der extensiven Produktion ständig erhöht. 1982 wurden über 322 Millionen Tonnen Gut transportiert (siehe auch Tabelle auf Seite 118). Hinzuzurechnen ist noch die Leerewagenbewegung, insbesondere für den Kohlen- und Baustoffversand. Die Deutsche Reichsbahn hatte seit den achtziger Jahren alle Transporte über 50 Kilometer Entfernung zu übernehmen, das waren 1988 etwa 75 Prozent des Gesamtaufkommens vom Binnengüterverkehr!

Da der aus der UdSSR importierte Dieselkraftstoff limitiert und auch für die Benzinherstellung (Export in das nichtsozialistische Wirtschaftsgebiet!) in Schwedt immer weiter aufgespalten wurde, blieb nur der Ausweg, mehr mit der elektrischen Traktion zu transportieren. Denn Braunkohlen für die Stromversorgung

▲ Ein Nahgüterzug bei Eibenstock unt Bf (1973).

Foto: Reiner Preuß

▲ Im Bahnbetriebswerk Neustrelitz wird die 1000. aus der UdSSR importierte Lokomotive, 132 457, übernommen (1977).

Historische Sammlung der DR/Zimmer

standen der DDR ausreichend zur Verfügung. Nach dem »Elektrifizierungsbeschluss« des SED-Zentralkomitees bzw. des Ministerrates vom 8. Dezember 1966, nach dem die Streckenelektrifizierung zu Gunsten der Dieseltraktion auf ein Mindestmaß zu beschränken war (für viele Eisenbahner unverständlich, aber es fehlte an Kupferkabel und an Kraftwerkskapazität), musste zehn Jahre später der Beschluss revidiert und die Streckenelektrifizierung, nun als

»Zentrales Jugendobjekt der Freien Deutschen Jugend« wieder aufgenommen und außerdem mit Hochdruck fortgesetzt werden. Sie wurde als die wichtigste Rationalisierung im Eisenbahnwesen genannt. Schwerpunkt waren die Strecken nach Berlin und zum Seehafen Rostock sowie zum Fährbahnhof Mukran auf der Insel Rügen.

Von den fast 14.000 Kilometer Normalspurstrecken waren 1993 ein Drittel, 4736 Kilometer, elek-

▲ Wohin man auf dem Leipziger Hauptbahnhof auch sieht: Expressgut wartetet auf die Weiterbeförderung (1987).   *Foto: Sprang*

▲ In Görlitz gebaut, als Expresstriebwagen »Karlex« nach Karlovy Vary (Karlsbad) bei Lutherstadt Wittenberg unterwegs (1971).

▲ Der Stolz der Deutschen Reichsbahn, die formschöne und leistungsfähige »Reko-Lokomotive« vor dem Schnellzug nach Köln in Leipzig Hbf (1973).

trifiziert, die Deutschen Bundesbahn fuhr auf der Hälfte ihres 26.376-km-Netzes elektrisch.

Der Rückstand blieb zum Beispiel bei der Höchstgeschwindigkeit der Reisezüge von 120 km/h und der durchschnittlichen Reisegeschwindigkeit aller Fernzüge von 61 km/h. Dabei war die Deutsche Reichsbahn unter den Bahnverwaltungen des Ostblocks noch Spitzenreiter, kamen doch sonst die Fernzüge auf eine durchschnittliche Reisegeschwindigkeit von 50 km/h. In der DDR hatte man es nicht

nötig, mit hohen Geschwindigkeiten Verkehrsanteile zu gewinnen. Die Anlagen waren auch so ausgelastet, meist sogar überlastet. Eine Streckenbelegung von mehr als 100 Prozent war häufig. Wenn auf die theoretischen Pufferzeiten verzichtet werden musste, war die Unpünktlichkeit nicht verwunderlich, an manchen Tagen kam jeder zweite Fernzug verspätet an.

Dazu verhalf auch die große Zahl von Schienenbrüchen (1982 fast 4000, 1986 über 6000),

Die Deutsche Reichsbahn in Zahlen

Jahr	Betriebslänge in km	davon elektrifiziert in km	Zahl der Reisenden in Mill.	Versand und Empfang in Mill. t	Beschäftigte
1950	15.945	1,7*	954	128,5	
1959	16.167	301,2	958	229,2	
1969	14.909	947,1	636	251,9	
1979	14.164	1262,0	613	302,4	
1989	14.035	3462,5	591	334,0	255.362
1993	14.075	4285,5	326	82,6	148.161
* außer S-Bahn in Berlin					

hervorgerufen durch die zu hohe Belastung der Schienen der Form S 49 und die mangelhafte Gleispflege. Das war ein ständiges Ärgernis, dem allein mit ideologischen Aktionen nicht beizukommen war.

Diagnose: Betonkrebs

Zusätzlich schwer getroffen wurde der Transportbetrieb durch die Alkalischäden des Betonschwellenoberbaus, hervorgerufen durch Beimengungen ungeeigneten Kieses in den Betonwerken, lange geheim gehalten. Der sogenannte »Betonkrebs« war unberechenbar. Er bescherte durch die rund elf Millionen geschädigten Schwellen überraschend und in kürzester Zeit Langsamfahrstellen und sogar Gleissperrungen. Die Leistungsfähigkeit der Deutschen Reichsbahn wurde dadurch erheblich einge-schränkt, was sogar den Nationalen Verteidigungsrat alarmierte. 1987 wurde die Aktion »Netzstabilisierung« ausgerufen, und für sie aus Österreich Schnellumbaumaschinen und andere Geräte importiert. Die Wiederherstellung und Verbesserung des Oberbauzustandes blieb eine Aufgabe über die Zeit des Bestehens der Deutschen Reichsbahn hinaus.

Was die Deutsche Reichsbahn, abgesehen vom unablässigen Personalnotstand, auszeichnete: gut ausgebildete Eisenbahner als Facharbeiter, Techniker, Ingenieure, Diplom-Ingenieure oder mit anderen Fach- und Hochschulabschlüssen. Von den 254.602 Beschäftigten des Jahres 1988 besaßen 83,7 Prozent berufliche Abschlüsse, darunter 71,2 Prozent Facharbeiter und 9,7 Prozent eine Hoch- oder Fachschulausbildung. Ein Viertel der Beschäftigten war weiblich. Viele Eisenbahner waren trotz der genannten Missstände fest mit ihrem Beruf verwurzelt.

▲ D 874 auf der Elbbrücke in Riesa (1987). Die Lokomotiv-Baureihe 243 war nicht nur in großer Stückzahl vorhanden; sie überlebte als Baureihe 143 im Westen die DDR um mehr als 20 Jahre! *Foto: Sprang*

Als Ende 1989 die Grenzen für die gesamte Bevölkerung der DDR geöffnet wurde und über Nacht eine Reisewelle über die Bahnhöfe und Züge schwappte, sorgten Eisenbahner mit ihren Kollegen von der Deutsche Bundesbahn dafür, dass die neue Reisefreiheit auch genutzt werden konnte. Danach folgte eine Ernüchterung, insbesondere nach der Währungsunion am 1. Juli 1990, als die Großkunden der DDR-Industrie ausfielen, weil die Betriebe geschlossen wurden, ihre Heiz- und Kraftwerke auf Erdöl und Erdgas umstellten und dadurch die Kohlentransporte nicht mehr notwendig waren. Die Baustofftransporte entfielen, Konsumgüter wurden in Lkw transportiert. Der Güterversand in die UdSSR sank um 90 Prozent. Innerhalb eines Jahres halbierte sich das Güteraufkommen. Als Folge der umfassenden Motorisierung der Bevölkerung wurden die Reisezüge immer leerer. Die Wagenzahl der Fernzüge wurde von 14 auf 9 und weniger gesenkt. Die Deutsche Reichsbahn verlor ihre herausragende Stellung im Transportwesen.

Dagegen geriet der Abzug der Westgruppe der sowjetischen Streitkräfte in Deutschland von 1990 bis 1994 zu einer logistischen Meisterleistung. Allein für die Rückführung zweier Divisi-

▲ Auf dem Bahnhof Pretzsch steht ein aus der UdSSR importiertes Relaisstellwerk für kleine Anlagen der Bauform EZMG (1985).

Historische Sammlung der DR/Zimmer

onen aus den Räumen Neuruppin und Roßlau/Zerbst mussten in einer ersten Etappe bis zum 8. Oktober 1990 44 Züge fahren, davon 38 über den Grenzübergang Tantow/Grambow – Gumience, 6 Züge mit 240 Kettenfahrzeugen zum Seehafen Rostock und in einer zweiten Etappe vom 8. Oktober bis 14. Dezember 1990 126 Züge über Gumience und Forst (Lausitz). Der Übergang Mukran konnte mangels Flachwagen nicht genutzt werden. Auf dem Fährbahnhof standen deswegen bereits 800 Wagen mit Exportgütern für die UdSSR im Rückstau und 70 Züge im DR-Netz.

Westdeutschen erschien, sofern sie sich überhaupt für »drüben« und die Eisenbahn dort interessierten, die Deutsche Reichsbahn wie ein Museum, das ein Journalist so beschrieb: »Eine Epoche wird erst sichtbar, wenn sie zu Ende geht. Die Bahnfahrt durch die neuen Bundesländer ist für westliche Besucher wie eine Rückkehr in die Nachkriegszeit. Sie finden wieder, was sie nur noch aus der Erinnerung kannten. Längst beim Schrott geglaubte Eisenbahntechnik – hier läuft sie noch wie geschmiert. [...] Im Bahnbetriebswerk Stralsund stehen drei vor langen Zeiten gemauerte Lokschuppen, einer älter als der andere, Baujahr 1883, Baujahr 1895, Baujahr 1918. Blockwärterinnen in den kleinen Stationen rund um Berlin hantieren mit abgegriffenen Fahrstraßenschlüsseln, Hebeln und Knebeln der Bauart 1912, Inbetriebnahme 1930. Wenn eine russische 3000-PS-Lok vorbeifährt, das alte Eisen aus den sechziger Jahren, Taigatrommel genannt, scheint die Erde ein wenig zu beben.« [25]

Den Führungskräften der Deutschen Bundesbahn kam für derartige Zustände nur ein Begriff in Frage: Altlast! Entsprechend dem Eisenbahnneuordnungsgesetz beteiligte sich die Bundesrepublik finanziell an der Beseitigung der wirtschaftlichen und ökologischen Altlasten der Reichsbahn, womit gemeint war:

o Angleichung der Infrastruktur an den Ausbaustandard der Alten Bundesländer;
o Erhöhter Materialaufwand wegen des investiven Rückstandes;

○ Höhere Personalaufwendungen infolge des technischen und organisatorischen Rückstandes.

Zum letzten Punkt las man in dem Magazin: »Die Reichsbahn besteht nicht nur aus den alten eingefahrenen Gleisen, aus den Loks und Waggons, aus den im Staub des Jahrhunderts ergrauten Bahnhöfen. Die Reichsbahn, das sind die Reichsbahner, dieser ganze Kosmos menschlicher Existenz, die mit ihrem Unternehmen mehr verbindet als ein Dienstplan. Ein Arbeitsplatz bei der Reichsbahn war etwas anderes als ein Arbeitsplatz bei der Bundesbahn. Noch die kleinsten, jahrelang nach Renovierung schreienden Schlüsselwerke und Blockstellen sind mit kleinbürgerlicher Wohnlichkeit erfüllt, Gardinen, Gummibäumen, Bildern und Belobigungsurkunden an der Wand – der unverlierbare Arbeitsplatz, ein Stück Zuhause.« [25]

Lücken geschlossen

Unmittelbar nach der Wiedervereinigung Deutschlands wurden die Ost-West-Verbindungen hergestellt, »Lückenschlüsse« genannt. 1992 wurde für 10 Milliarden Mark der Zustand des Kernnetzes verbessert. 1993 lag der Schwerpunkt, für die 10,2 Milliarden Mark bereit standen, auf dem Streckenausbau, bei der Ausrüstung von 1100 Kilometer Strecken mit punktförmiger Zugbeeinflussung, 750 Kilometer mit Zugfunk und 70 Kilometer mit Streckenblock. Der erste sichtbare Fortschritt war die nun zulässige Geschwindigkeit von 160 km/h auf der Strecke Berlin – Dresden. Schließlich beschloss das Bundeskabinett die Verkehrsprojekte Deutsche Einheit, die mit folgenden neun Projekten des Aus- und Neubaus von Eisenbahnstrecken Eingang in den Bundesverkehrswegeplan fanden.

▲ Am 28. September 1991 wurde die Lücke zwischen Sonneberg (Thür) Hbf und Neustadt (b Coburg) geschlossen.　　Foto: Emersleben

1: Ausbau Lübeck/Hagenow Land – Rostock – Stralsund (250 Kilometer),

2: Ausbau Berlin – Büchen – Hamburg (270 Kilometer),

3: Ausbau und Lückenschluss Uelzen – Salzwedel – Stendal (113 Kilometer),

4: Aus- und Neubau Berlin – Stendal – Hannover– (264 Kilometer, davon Berlin – Oebisfelde Hochgeschwindigkeitsstrecke),

5: Ausbau Berlin – Magdeburg– Helmstedt (163 Kilometer),

6: Ausbau Halle – Eichenberg (170 Kilometer),

7: Ausbau Erfurt – Bebra (104 Kilometer),

8: Aus- und Neubau Berlin – Halle/Leipzig – Erfurt Nürnberg (467 Kilometer, davon Halle/Leipzig – Ebensfeld Hochgeschwindigkeitsstrecke),

9: Ausbau Leipzig – Dresden (117 Kilometer).

Das Fahrplangefüge musste den neuen Reise- und Güterströmen entsprechen. Bereits 1990 waren die beiden Intercity-Zugpaare Frankfurt (Main) – Leipzig und Berlin – Hamburg eingelegt worden, obgleich für den hochwertigen Zugverkehr einige Voraussetzungen fehlten. Ihnen folgten die Interregio-Verbindungen, zum Beispiel Berlin – Dessau – Nürnberg oder Görlitz – Schwerin – Kiel, Dresden – Leipzig – Wolfsburg – Köln und Leipzig – Nürnberg – München. Im Jahresfahrplan 1991/1992 verkehrten zwischen Ost und West 44 Euro- und Intercitys sowie 93 Interregio- und Schnellzüge. Die 1976 eingeführten Städte-Expresszüge und fast alle Verbindungen nach Südosteuropa entfielen mangels Bedarfs, ebenso einige Züge nach Moskau.

Am 31. Mai 1992 wurde der bisher nachfrageorientierte Fahrplan auf den angebotsorientierten umgestellt, worauf fünf Intercity-Linien im Zweistundentakt den Binnenverkehr der Reichsbahn bedienten. In jenem Fahrplanjahr begann die Schließung der bislang 19 Rangier- und 94 Knotenbahnhöfe, zum Beispiel Bad Kleinen, Hagenow Land, Rostock Gbf. Ihnen folgten Leipzig-Wahren, Berlin-Wuhlheide, Schlauroth und viele andere. Auch die Zahl der 73 Bahnbetriebswerke wurde reduziert.

Die bereits bei der Deutschen Bundesbahn bestehenden Überkapazitäten der Fahrzeuginstandhaltung waren nun noch größer geworden. Eigentlich brauchte man die Werke der Deutschen Reichsbahn nicht. Die »Langfristige Werke-Ordnung« (LWO) musste überarbeitet werden. 1993 sollten 23 von 39 Werken abgestoßen werden. Ein Teil von ihnen wurde geschlossen (Görlitz, Stahlbau Dessau) oder verkauft (Delitzsch, Stendal) oder verkleinert (Meiningen).

Zur Anpassung und Modernisierung gehörte die »Freisetzung« des überzähligen Personals. Klagte man seit den sechziger Jahren über den permanenten Arbeitskräftemangel, der zu Überstunden und aufgeschobenem Urlaubsanspruch oder Abgeltung in Geld führte, so gab es nach 1990 zu viele Lokomotiven, Wagen und vor allem zu viele Eisenbahner.

Den älteren Beschäftigten wurde nahegelegt, in den Vorruhestand zu gehen. Willkürliche Regelungen der Abfindungen und der Freifahrt folgten. Ingenieure, die in anderen Betrieben besser entlohnt wurden, verließen die Bahn, einige gründeten Firmen, zum Beispiel der Bauplanung, -überwachung oder der Baustellensicherung.

Außerdem sollte Personalbestand durch einen »Personalausgleich« vermindert werden. Denn der Deutschen Bundesbahn fehlten zu dieser Zeit qualifizierte Eisenbahner. Die Vorstände von Bundes- und Reichsbahn beschlossen, Reichsbahner »auf der Basis der Freiwilligkeit jeweils für ein bis zwei Jahre in betriebsrelevanten Funktionen der DB wie

o Rangierdienst

o Triebfahrzeugdienst

o Zugbegleitdienst

o Wagenuntersuchungsdienst

einzusetzen.«

Teilweise begegnete diesen Abgeordneten das Vorurteil, sie müssten sich erst Eisenbahnkenntnisse aneignen. Derartiges hatten bereits die Eisenbahner der bayerischen Ostbahn erlebt, als sie am 1. Januar 1876 mit den Kgl. Bayerischen Staatsbahnen fusionierte. Die

»Königlichen« waren die »Geprüften«, die »Ostbahnler« bekamen die Positionen, für die man keine Prüfungen brauchte.

Der Personalbestand blieb zu hoch. Bis zum 1. August 1991 wurden wieder Eisenbahner überzeugt, vorübergehend oder für immer einen Arbeitsplatz bei der Deutschen Bundesbahn und bei den Österreichischen Bundesbahnen einzunehmen. Aus dem »Personalausgleich« war jetzt die »Personalhilfe« geworden, vor allem für Lokomotivführer, Wagenmeister, Fahrdienstleiter, Fahrkartenverkäufer, insgesamt 2184 Beschäftigte. Immerhin genossen die Reichsbahner ein Privileg: Sie teilten nicht das Schicksal der meisten Werktätigen der DDR, die plötzlich ohne Arbeitsstelle waren, weil deren Betriebe über Nacht geschlossen wurden. Der Personalabbau bei der Reichsbahn verlief subtiler.

Keine Personalunion mehr

Für die Leitung der Deutschen Reichsbahn unter Herbert Keddi (1937–2000) ergab sich die Gelegenheit, die Struktur den neuen Verhältnissen anzupassen seit der Auflösung des SED-Politbüros und dem Rücktritt der Stoph-Regierung am 7. November 1989, mit der auch Otto Arndt (1920 – 1992), Verkehrsminister und DR-Generaldirektor, ausschied. In der folgenden Modrow-Regierung war Heinrich Scholz (1933 – 2003) Verkehrsminister ohne Ambitionen, die Funktion des Generaldirektors auszufüllen. Doch erst am 1. April 1990 wurde die Personalunion von Minister und Generaldirektor aufgehoben, strikt die Staatsfunktion und die Verantwortung für den Betrieb getrennt. Der erste Vorstand bestand neben dem Generaldirektor aus dem Stellvertreter des Generaldirektors, den Ressortdirektoren Transportproduktion, Fahrzeugtechnik, Anlagen, Steuerung und Planung sowie Personal und Soziales. Vorgesehen war noch, bis zum 30. Juni 1990 die Bildung des Reichsbahn–Beschaffungsamtes und des Reichsbahn–Sozialamtes sowie bis zum 30. September 1990 eines Reichsbahn-Zentralamtes. [22]

Dazu kam es nicht. Nach der Wahl am 18. März 1990 und der Bildung der de-Maizière-Regie-

▲ Nach den ersten Einsätzen im Schwarzwald pausiert die DR-Lokomotive neben der DB-Lokomotive 110 298 im Schuppen von Offenburg (1991). *Foto: Emersleben*

rung am 12. April 1990 wurden Horst Gibtner (1940 – 2006) Verkehrsminister und vom 1. Juni 1990 an Hans Klemm Generaldirektor der DDR. Jetzt gehörten dem Vorstand nur noch außer dem Generaldirektor die Ressortdirektoren Personal und Soziales sowie Steuerung und Planung (zugleich Stellvertreter des Generaldirektors) an. Unter Klemm und besonders nach dessen Ablösung durch den DB-Vorstandsvorsitzer Heinz Otto Ferdinand Dürr am 1. September 1991 wurde die Struktur der Deutschen Reichsbahn der der Deutschen Bundesbahn angepasst. Alle bisherigen Vorstellungen, wie die Deutsche Reichsbahn zu strukturieren sei, waren obsolet geworden.

Faktisch hörte die Staatsbahn der DDR mit dem Beitritt des Landes zur BRD am 3. Oktober 1990 auf zu bestehen, was sich auch in der Besetzung der Spitzenfunktionen, in der Betriebsführung und im Umgang mit dem Personal bemerkbar machte. Nach der Verfügung des Reichsbahn-Vorstandes vom 24. August 1990 sollten bis 1995 die Reichsbahndirektionen neu gegliedert werden. Bereits am 15. Oktober 1991 waren die Bezirke der Reichsbahndirektionen Greifswald und Magdeburg den Reichsbahndirektionen Schwerin bzw. Halle zugeschlagen

worden. Teile der Reichsbahndirektion Cottbus gingen an die Direktionsbezirke Berlin und Dresden. Die Direktion der Ausbesserungswerke und die Reichsbahnbaudirektion waren aufgelöst, bis zum 31. Dezember 1991 auch die Reichsbahnämter. Die Zentrale der Deutschen Reichsbahn bestand aus der Hauptverwaltung[3] und den Zentralstellen.

1991 begannen die Verschmelzung mit der Deutschen Bundesbahn, ihrer Struktur und dabei der Abbau sozialer Einrichtungen (Betriebsküchen, Kantinen, Kindergärten, Ferienheime, Kulturhäuser) sowie die »Harmonisierung« der Vorschriften und anderer Regelungen wie die Diensteinteilung. Die Beschäftigten mussten viel lernen, weil nun wieder alte oder ganz neue Tarife und Vorschriften galten. Im Baudienst wurden die Normen und Gewohnheiten des Westens eingeführt, zum Beispiel Ausschreibungen, DIN statt GOST oder TGL[4]. Neben Baugleisen waren wesentlich höhere Geschwindigkeiten erlaubt als bisher, Kompromisse beim Frostschutz und der Entwässerung im Oberbau wiederum nicht mehr. Auch im

3　Mitunter fälschlich als Zentrale Hauptverwaltung bezeichnet.
4　DIN = Deutsche Industrienorm, GOST = russ. Gossudarstwenny obschtschesojusny standart, Staatlicher Standrad der UdSSR, TGL = Technische Normen, Gütevorschriften und Lieferbedingungen

Der Vorstand der Deutschen Reichsbahn 1991 bis 1993

Vorsitzer	Heinz Dürr	zugleich der Deutschen Bundesbahn
Personenverkehr	Hemjö Klein	zugleich der Deutschen Bundesbahn, bis 31. Mai 1993
	Heinz Neuhaus	vom 1. Juni 1993 an, zugleich der Deutschen Bundesbahn
	Dieter Vagt	stellvertretendes Vorstandsmitglied, zugleich der Deutschen Bundesbahn
Güterverkehr	Norbert Kern*	zugleich der Deutschen Bundesbahn
Fahrweg	Peter Münchschwander	zugleich der Deutschen Bundesbahn
	Ulf Häusler	stellvertretendes Vorstandsmitglied, zugleich der Deutschen Bundesbahn
Finanzen und Controlling	Hermann Lenke	vom März 1993 an zugleich der Deutschen Bundesbahn
	vom März 1993 an Diethelm Sack	zugleich der Deutschen Bundesbahn
Personal und Soziales	Siegfried Klippel	
Forschung und Entwicklung	Roland Heinisch	zugleich der Deutschen Bundesbahn
Traktion und Werke	Hermann Wolters	stellvertretendes Vorstandsmitglied, zugleich der Deutschen Bundesbahn

* Er erreichte als 66-Jähriger am 27. April 2007 den Nordpol auf Skiern und war der erste Mensch dieses Alters, der den Süd- und den Nordpol innerhalb eines Kalenderjahres zu Fuß erreichte. Kam in das Guinness-Buch der Rekorde.

Umgang zwischen Auftraggeber und Auftragnehmer kehrte ein anderes Verhältnis ein. Erneuerung nannte sich der Vorgang, während dem die bisherigen Leiter ausgewechselt wurden, ersetzt durch bislang unscheinbare Mitarbeiter, meist aber durch Beamte der Deutschen Bundesbahn. Im am 6. Mai 1991 gebildeten Führungsgremium Deutsche Eisenbahnen (FDE) saß kein Reichsbahner, selbst in der zweiten Führungsebene fand sich für sie kein Platz. Im vergleichsweise bedeutungslosen Verwaltungsrat von 1991 kamen unter elf Mitgliedern zwei »Ossis« vor.

Nachdem Heinz Dürr auf den stillen Abgang von Hans Klemm im August 1991 Vorsitzer der Vorstände von Bundes- und auch der Reichs-

bahn geworden war, konnte auch schneller als ursprünglich gedacht der Übergang zur Deutschen Bahn organisiert werden (siehe auch im 9. Abschnitt). Dazu gehörte für die Öffentlichkeit die Losung »Zwei Bahnen – ein Angebot«, was heißen sollte:

o Einheitlicher Auftritt gegenüber Kunden
o Einheitliche Betriebsführung
o Einheitliche Organisations- und Führungsstruktur
o Einheitliche Strukturen im Personal- und Sozialwesen
o Bilden gemeinsamer Tochtergesellschaften.

Um 24 Uhr des 31. Dezember 1993 ging die Geschichte der Deutschen Reichsbahn auch de jure zu Ende.

Was sonst noch geschah

28./30. April 1951	Auf den Bahnhöfen Wildau und Königs Wusterhausen werden die ersten Gleisbildstellwerke der Firma Elsima übergeben.
10. Juni	Zum ersten Mal wird in der DDR der »Tag des Eisenbahners« begangen, künftig immer am zweiten Juni-Sonntag.
12. Juni 1954	In Erfurt nimmt die Dispatcherleitung an Stelle der früheren Zugleitungen ihren Dienst auf.
16. Juli 1959	Das erste Fährschiff der DR, die »Saßnitz«, wird in Dienst gestellt.
28. Dezember 1960	Die DR erhält – abgesehen von der »Saxonia« 1989 – die letzte neu gebaute Dampflokomotive: 50 4088.
4. Januar 1961	Der VEB LEW »Hans Beimler« Hennigsdorf übergibt die erste in der DDR gebauten elektrische Lokomotive: E 11 001.
20. September 1968	Für die Hafenabfuhrstrecke Rostock – Berlin wird der Abschnitt Überseehafen – Neustrelitz eröffnet.
31. Oktober 1966	Die ersten Diesellokomotiven der Baureihe V 200 aus der UdSSR kommen zur Deutschen Reichsbahn, beheimatet im Bahnbetriebswerk Leipzig-Wahren. Wegen ihres Lärms werden sie bald »Taigatrommeln« genannt.
20. Juli 1970	Die erste aus der UdSSR importierte Diesellokomotive, V 300 001, wird übergeben.
10. Juli 1979	Auf dem Stellwerk »R 1« in Erfurt Gbf wird das erste Ablaufspeicherstellwerk in Betrieb genommen.
30. Juni 1980	Der Probebetrieb mit dem Zugfunk der Bauart FESA (Festfunkanlage)/(Mobile Zugfunkanlage) MESA beginnt auf der Strecke Dresden – Schöna.
März 1982	Auf der Leipziger Frühjahrsmesse wird der Prototyp der neuen Ellok-Baureihe 212/243 vorgestellt.
18. Juni 1982	Die UdSSR und die DDR schließen ein Abkommen über die Eisenbahnfährverbindung Mukran – Klaipeda.
21. Februar 1992	Die AEG-Lokomotivfabrik Hennigsdorf (ehemals LEW) erhält den Auftrag, 90 elektrische Lokomotiven der Baureihe 112 zu bauen. Sie soll vor allem im Netzgrenzüberschreitenden Verkehr von DB und DR eingesetzt werden.

Irrfahrt an die Börse

Die Deutsche Bahn AG

▲ Der Westkopf des Bahnhofs Dresden-Neustadt im Umbau (2009): Weniger Weichen, ohne die bisherigen Stellwerke, kein Personal vor Ort. *Foto: Kaden*

In der »juristischen Sekunde« zwischen dem 31. Dezember 1993 und dem 1. Januar 1994 wurde die Deutsche Bahn Aktien-Gesellschaft (DB AG) geboren, eingetragen im Handelsregister des Amtsgerichts Berlin-Charlottenburg am 5. Januar 1994. Zugleich fusionierten Deutsche Bundes-, Deutsche Reichsbahn und das Vermögen der ehemaligen Reichsbahn in West-Berlin. Die Umstellung von der vermeintlich behäbigen Behördenbahn zur marktwirtschaftlich besseren Staatsbahn brauchte allerdings mehr als nur die eine Sekunde. Als Matthias Wissmann (* 1949), Bundesverkehrsminister von

1993 bis 1998 und seit 1. Juni 2007 Präsident des Verbandes der Automobilindustrie, und Heinz Dürr (* 1933), nun Vorstandsvorsitzender der Deutschen Bahn, bei einer Veranstaltung am 10. Januar 1994 auf dem Berliner Hauptbahnhof[1] das ausgefertigte »Gesetz zur Änderung des Grundgesetzes vom 20. Dezember 1993« in die Höhe hielten, waren Monate und Jahre seit der ersten Erörterung vergangen, wie man am besten die Deutsche Bundesbahn auf gesunde Füße stellen könne.

---

1 Vier Jahre später in Berlin Ostbahnhof zurückbenannt.

▲ Bundesverkehrsminister Matthias Wissmann und der Vorstandsvorsitzende Heinz Dürr präsentieren am 10. Januar 1994 auf dem Berliner Hauptbahnhof das ausgefertigte »Gesetz zur Änderung des Grundgesetzes vom 20. Dezember 1993«. *Foto: DB/Glaser*

Eine Neubewertung des Vermögens reichte nicht aus, der Kreislauf von Stützung und immer wieder neuen Verlusten, auch als Verschuldung bezeichnet, sollte beendet werden. Bundeskanzler Helmut Kohl hatte Heinz Dürr als »Sanierer« für die Deutsche Bundesbahn geholt, der angeblich entsprechende Erfahrungen von der AEG mitbrachte. Doch dort misslang ihm die Rettung des Traditionsunternehmens, was aber schnell vergessen wurde. [26]

Dürr zur Seite stand die von der Bundesregierung 1989 eingesetzte »Regierungskommission Bundesbahn«. Sie sollte den Widerspruch der gesetzlichen Vorschriften lösen: Nach Artikel 87 des Grundgesetzes war die Bahn eine Behörde, nach Paragraf 28 des Bundesbahngesetzes aber ein Wirtschaftsunternehmen, dessen Einnahmen und Ausgaben sich decken mussten und das zudem eine angemessene Verzinsung des Eigenkapitals zu erwirtschaften hatte.

Im Mai 1990 setzte die Bundesregierung erneut eine Regierungskommission ein (auch als Strukturkommission bezeichnet), diesmal unter Leitung von Günther Saßmannshausen, dem Vorstandsvorsitzenden der Preußag AG. Diese Kommission hatte bis 1991 zu klären, in welcher Netzstruktur die Deutsche Bundesbahn langfristig am nationalen und internationalen Verkehrsmarkt wettbewerbsfähig sein könnte, welche Leistungen der Bund im Schienenpersonennahverkehr – als gemeinwirtschaftliche Aufgabe – langfristig übernimmt, inwieweit die Länder oder Gemeinden an der Lastenverteilung beteiligt werden und wie die reformierte Bahn zu einem ausgeglichenen Betriebsergebnis kommt. Womit keine der beiden Kommissionen gerechnet hatte: Am 3. Oktober 1990 kamen zum Sondervermögen der Bundesrepublik Deutschland das der Deutschen Reichsbahn und das in West-Berlin hinzu. Jetzt konzentrierte sich die Kommission mit ihren Vorschlägen vorrangig darauf, wie die Fusion der beiden deutschen Staatsbahnen zu bewerkstelligen sei.

Der Vorschlag lautete: Beide Bahnen werden in eine privatrechtlich organisierte Deutsche Eisenbahn Aktien-Gesellschaft umgewandelt. Das kam der Vorstellung des DB- und DR-Vorstandsvorsitzers Heinz Dürr nahe, der von den »Fesseln des öffentlichen Dienstrechts« befreit sein und einem Unternehmen, aber keiner Behörde vorstehen wollte. Die Regierungskommission ging davon aus, dass das Netz im Wesentlichen erhalten bleibt, und schlug folgende Maßnahmen vor:

o Staatliche Aufgaben und die kaufmännische Verantwortung der Deutschen Eisenbahn AG müssen konsequent getrennt werden.
o Die einmaligen, bilanziellen und sonstigen Bereinigungen müssen vollzogen werden, auch die Übernahme von auslaufenden Lasten aus dem Personalstatus.
o Wertberichtigung der Aktiva;
o Deckung des Nachholbedarfs (Investitionen und Unterhaltung vorrangig bei der Deutschen Reichsbahn);
o Übernahme von Verbindlichkeiten, hauptsächlich bei der Deutschen Bundesbahn;
o Rückstellungen für Umweltlasten.

Weitere wichtige Randbedingungen der Reform sollten die Anlastung der vollen Kosten des Fahrwegs außer den Zinskosten und der Wettbewerb der Eisenbahnunternehmen auf dem deutschen Schienennetz sein, woraus sich die Trassen- und Bahnhofsgebühren ergaben.

Strukturveränderungen seit 1992

Bereits am 26. März 1992 wirkte Dürr in der Führungsgesellschaft Deutsche Eisenbahnen (FDE) darauf hin, mit der Veränderung der Struktur zu beginnen, wie sie die Unternehmensberatung Roland Berger empfahl. Nun galten für die Organisation der Bahn folgende Grundsätze: »Die Unternehmen [...] werden divisional strukturiert. An die Stelle der heute noch im Prinzip nach den Hauptfunktionen Absatz (Personenverkehr und Güterverkehr), Produktion und Technik ausgerichteten Ressorts und der Querschnittsressorts Personal und Soziales sowie Steuerung und Planung treten

o ergebnisverantwortliche Unternehmensbereiche für den Güterverkehr und den

▲ Aus der Dienststelle Bahnbetriebswerk Berlin Hbf waren mehrere geworden (1999).　　　　　　　　　*Foto: Emersleben*

Personenverkehr, die als Profitcenter den weitestgehend direkten Zugriff auf ihre spezifischen kommerziellen, betrieblichen

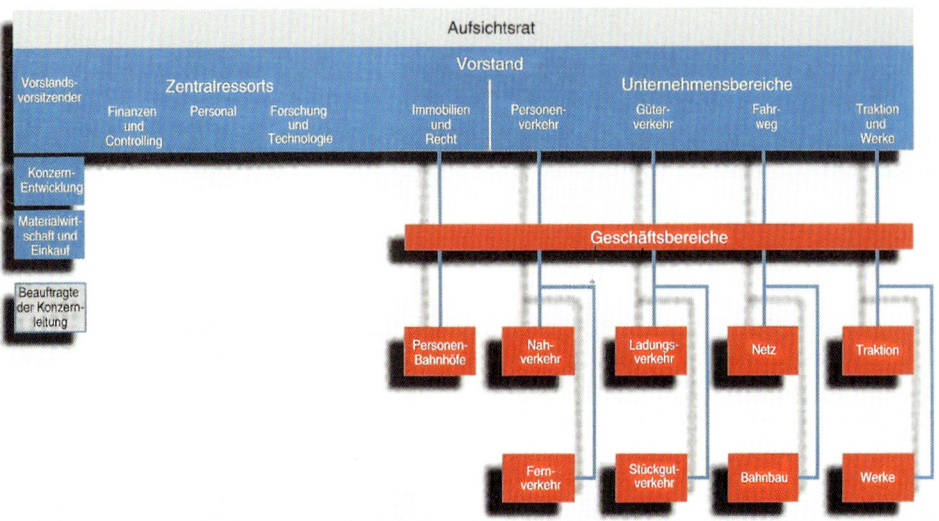

▲ Auf diese erste Strukturreform der Deutschen Bahn folgten viele andere.　　　　　　　*Entnommen: »Daten und Fakten« 1994/1995*

und technischen Ressourcen und Funktionen erhalten;

o ein Ressort Fahrweg, das im Sinne der Festlegungen durch die EU-Kommission und den EG-Ministerrat ebenfalls als Unternehmensbereich die Fahrwegvorhaltung und den Fahrwegbetrieb übernimmt;

o Zentralbereiche für Finanzen und Controlling, Personal und Soziales, Materialwirtschaft und Einkauf sowie Forschung und Entwicklung.«

Am 15. Juli 1992 beschloss die Bundesregierung, die Sondervermögen Deutsche Bundesbahn, Deutsche Reichsbahn und das sogenannte Vorratsvermögen in Berlin (West) in die handelsrechtliche Form einer Aktiengesellschaft zu überführen. Nach einigem Streit zwischen den Ministerpräsidenten, dem Verkehrsminister Wissmann und Bundeskanzler Kohl über die Finanzierung des Reformpakets wurden am 3. Dezember 1993 im Bundestag die Änderung des Grundgesetzes und das Gesetz vom Bundestag gegen das Nein von je einem Abgeordneten der CDU und der SPD sowie – mit einer Ausnahme – gegen das Nein der Fraktionsgruppe der PDS verabschiedet. Der Bundesrat stimmte gegen die drei Stimmen der Freien und Hansestadt Hamburg den Gesetzesänderungen zu.

Am 1. Januar 1993 verkündete Dürr seine Neujahrsbotschaft, nach der das Jahr 1993 zum »Schicksalsjahr der deutschen Bahnen« werde. Agenturen suchten für die Führung der Bahn »die besten Köpfe der Nation« aus, vor allem Manager aus der umstrittenen Treuhandanstalt. Später wurden solche von der Lufthansa bevorzugt, seit 1999 aus dem Konzern Mercedes-Benz und dessen Tochterunternehmen. Eisenbahner blieben, wie früher bei der Bundesbahn, rar im Vorstand. Dem stand auf der Konzernebene an der Spitze der Vorsitzende des Vorstands von 1994 bis 9. Juli 1997 Heinz Dürr,

Johannes Ludewig bis 30. September 1999, vom 16. Dezember 1999 bis 30. April 2009 Hartmut Mehdorn (nach Vertrag bis 2011), vom 1. Mai 2009 an Rüdiger Grube.

Zuständig wurden die Vorstände für:

o Fahrweg (mit unterschiedlichen Bezeichnungen) Peter Münchschwander, als stellvertretendes Vorstandsmitglied bis 2000 Ulf Häusler, von 2005 an Stefan Garber für Infrastruktur und Dienstleistungen sowie Volker Kefer vom 1. Juni 2006 bis 30. August 2009 für DB-Netze;

o Forschung und Technologie (von 2004 an Systemverbund Bahn) Roland Heinisch bis 30. August 2007, vom 26. Mai 1994 bis 1996 auch für den Ladungsverkehr, Lutz Bücken, vom 1. September 2009 an Volker Kefer als Vorstand Technik;

o Immobilien, Recht und Personenbahnhöfe (seit 1999 Immobilien und Personenbahnhöfe, 2006 DB-Netze unterstellt) Peter Reinhardt bis 31. Juli 1999, seit 1. August 1999 Dieter Ullsperger

o Finanzen und Controlling Diethelm Sack;

o Konzernentwicklung als stellvertretendes Vorstandsmitglied Hermann Lenke bis 5. März 1996;

o Personal Adolf Hartmann und Siegfried Klippel (für die Neuen Bundesländer) bis 30. April 1995, Horst Föhr[2] bis 31. Dezember 2001, Norbert Bensel vom 21. Mai 2002 bis 2005, Margret Suckale vom 17. März 2005 bis 30. April 2009 (von 2007 an auch für das Ressort Recht, aber von 2006 an nur für Mobility und Logistics), vom 1. Juli 2009 an Ulrich Weber;

o Personenfernverkehr (seit 1. April 2000 Personenverkehr) Heinz Neuhaus bis 13. Mai 1998, Axel Nawrocki bis 30. September 1999, Christoph Franz, von 2003 an Karl-Friedrich Rausch, seit 1. Juni 2009 Ulrich Homburg;

o Personennahverkehr (seit 1. April 2000 Personenverkehr) vom 1. Juli 1994 bis 31. März 2000 Klaus Daubertshäuser, bis 1. Juni 2009 Ulrich Homburg, Frank Sennhenn;

o Güterverkehr/Kombinierten Ladungsverkehr und Stückgutverkehr[3] (von 1996 an

---

2 auch für die »Gruppenfunktion« Recht zuständig
3 Am 1. Januar 1998 wurde der Geschäftsbereich Stückgutverkehr aufgelöst, der Stückgutverkehr zu Bahntrans verlagert. 1998 wurde der Unternehmensbereich Güterverkehr in DB-Cargo umbenannt, 2004 in Transport und Logistik.

für den gesamten Güterverkehr) Norbert H. Kern, vom 25. Mai 1994 an Eberhard Sinnecker für den Kombinierten Ladungs- und den Stückgutverkehr, vom 1. August 2000 an Bernd Malmström, vom 1. Mai 2005 an Norbert Bensel, vom 1. Juni an Karl-Friedrich Rausch;

o Traktion und Werke (am 1. Februar 1998 aufgelöst) Hermann Wolters;

o Einkauf und Materialwirtschaft Wolfgang Gemeinhardt als stellvertretendes Vorstandsmitglied, seit 1997 Vorstand Konzerneinkauf;

o Marketing (von 2003 an für Marketing und politische Beziehungen, von 2005 für Wirtschaft und Politik) Klaus Daubertshäuser vom 1. April 2000 an, Otto Wiesheu vom 1. Januar 2006 an, vom 1. Juni 2009 an kommissarisch Joachim Fried.

Ein Wasserkopf wächst

Vorstandsvorsitzender Johannes Ludewig präsentierte am 5. Dezember 1997 die zweite Stufe der Bahnreform, indem er bisherige Ge-

schäftsbereiche als »Führungsgesellschaften« bezeichnete. Jetzt blähte sich der Apparat von 30 Vorständen und entsprechenden Aufsichtsräten noch weiter auf. Faktisch waren die Geschäftsfelder[4] Fernverkehr, Nahverkehr, Güterverkehr, Fahrweg und Personenbahnhöfe zum 1. Januar 1999 aus dem Unternehmen als selbstständige Aktiengesellschaften bzw. Tochterunternehmen unter dem Dach der Konzernleitung ausgegliedert. Die Töchter firmierten als »Deutsche Bahn Gruppe«, eine Bezeichnung, die bei allen Tochtergesellschaften verwendet wurde, wenn die Deutsche Bahn mit mehr als 50 Prozent beteiligt war. Die angekündigte eigene unternehmerische Verantwortung erhielten sie nicht. Ludewig erklärte auch nie, mit welchem Eigenkapital die Gesellschaften ausgestattet seien.

Als Ende 1999 Mehdorn als Vorstandsvorsitzender antrat, führte er in Übereinstimmung mit dem Aufsichtsrat am 16. März 2005 die Aktiengesellschaften wieder – zumindest pro forma – zusammen und stärkte die übergeordnete Konzernleitung, indem drei Vorstandsbereiche

---

4 Unterschiedliche Termini gebräuchlich: Geschäftsfelder, Geschäftsbereiche, Unternehmensbereiche, Führungsgesellschaften

▲ Zu den 2006 in Berlin eröffneten Bahnhofsneubauten gehört auch die neue Station Südkreuz, ehemals Papestraße, nach dem Entwurf von Max Dudler (2009). *Foto: Emersleben*

▲ Der 1915 eröffnete, 1945 beschädigte, bis 1960 reparierte Hauptbahnhof Leipzig wurde durch den Umbau 1995 bis 1997 zum Tempel des Kommerzes bzw. zum Einkaufszentrum mit Gleisanschluss. *Foto: DB*

geschaffen wurden: Personenverkehr (Rausch), Transport und Logistik (Bensel) sowie Infrastruktur und Dienstleistungen (Garber) und neu Systemverbund Bahn (Heinisch). Seit 2006 firmierte die Deutsche Bahn mit den Zusatz »Mobility Networks Logistics«.

Das war ein Zeichen, das Mehdorn das gesamte Unternehmen und nicht nur einzelne Teile privatisieren wollte. Die Politik sollte ihm nicht mehr ins Geschäft hineinreden. Das aber war so nicht vorgesehen. Das kümmerte den »Bahnchef« Mehdorn wenig; er fühlte sich als Verkehrsminister, behandelte die tatsächlichen entsprechend und nannte Bundestagsabgeordnete »sogenannte Verkehrsexperten«. Viele der Mehdorn im Unternehmen Nachgeordneten übernahmen diesen herablassenden Tonfall. Wer kritisierte, dem wurde manchmal die Unwahrheit unterstellt oder u.U. sogar mit dem Anwalt gedroht. Das Unternehmen verscherzte sich mit diesem Gebaren viele Sympathien, Mehdorn wurde zum Buh-Mann der Nation.

Was Viele nicht mehr wissen: Die Kosten der seit 1994 gepriesenen »Bahnreform« mussten als Begründung für die Erhöhung der Mineralölsteuer um 17 Pfennig je Liter herhalten. Die umwerfende Neuheit der »neuen« Bahn war von Anfang an die andersartige Struktur als Abkehr von der oft gescholtenen »Behördenbahn«. In der spielte das öffentliche Dienstrecht keine Rolle mehr. Die Beamten wurden beim Bundeseisenbahnvermögen (BEV) »geparkt« und je nach Bedarf »entliehen«.

Die Deutsche Bahn wurde wie ein gewöhnliches Wirtschaftsunternehmen organisiert mit Zentralbereichen, Unternehmensbereichen, Geschäftsbereichen, Regionalbereichen, Niederlassungen und Zweigniederlassungen, wiederholt auch »verschlankt«. Vieles wurde verkauft, als Tochtergesellschaft ausgegründet, umstrukturiert, zusammengelegt, wieder auseinandergerissen. Nur dem von Minister Wissmann gewünschten Verkauf der Bahnbusgesellschaften entsprach Dürr nicht.

Meilensteine der Reform

In sechs Jahren rollte ein Programm der Umorganisation ab, das auch als Meilensteine der Bahnreform bezeichnet wurde. Davon ein Ausschnitt:

▲ Bahnchef Hartmut Mehdorn ist zum Lückenschluss der Berliner S-Bahn Schönhauser Allee – Gesundbrunnen am 17. September 2001 erschienen.

1. Oktober 1994	Auflösung der Netzbahnhöfe und Bildung der Betriebsbezirke, Ausgliederung der fünf Niederlassungen Bahnbau und ihr Verkauf an ein neu gebildetes Unternehmen Deutsche Gleis- und Tiefbau GmbH,
1. Januar 1995	Gründung der BAHNTRANS GmbH[5], um an sie den Stückgutverkehr überzuleiten,
von Juni 1995	an Bildung von Dienstleistungszentren (zum Beispiel Anlagen- und Haus-Service, Bildung),
vom 1. Januar 1996	an Regionalisierung des Nahverkehrs (zum Beispiel Gründung S-Bahn Berlin GmbH, S-Bahn Hamburg GmbH, Zug-Bus Schleswig-Holstein GmbH, Zug-Bus-Regionalverkehr Alb-Bodensee GmbH),
vom 1. Januar 1996	an Ausgliederung von Unternehmensteilen (zum Beispiel DB-Kommunikation[6], DB-Immobilien, Deutsche Fährgesellschaft Ostsee, Bodensee-Schiffsbetriebe,
1. Januar 1996	Einführung einer neuen Struktur der Niederlassungen beim Geschäftsbereich Personenbahnhöfe, Trennung in Bahnhofsentwicklung und Bahnhofsbetrieb,
1. März 1996	Einrichtung des Geschäftsbereichs Umschlagbahnhöfe,
September 1996	Divisionalisierung der Geschäftsbereiche Traktion und Werke auf die Transportbereiche Fernverkehr, Regionalverkehr und Ladungsverkehr,
1. Januar 1997	Straffung der regionalen Führungsorganisation im Geschäftsbereich Netz, Einführung einer neuen Struktur der Niederlassungen, Einführung einer neuen Vertriebsstruktur nach Marktbereichen bei DB-Cargo (bisher Geschäftsbereich Ladungsverkehr), Neuordnung der Regionalstruktur. Im Geschäftsbereich Bahnbau entfiel die Ebene Zweigniederlassung, die Niederlassung Hochbau wurde in die Tochtergesellschaft Dienstleistungszentrum Anlagen- und Hausservice übergeführt. Im Geschäftsbereich Netz wurden der Bahnstromeinkauf, die Bahnstromerzeugung und der Bahnstromtransport zur neuen Tochter DB-Energie ausgelagert.
1. April 1997	Bildung weiterer Dienstleistungs- und Kompetenzzentren (zum Beispiel

5 Bahntrans wurde 1998 von den Belgischen Eisenbahnen (ABX Transport & Logistik) gekauft, am 31. August 2004 verkaufte die Deutsche Bahn (Stinnes) den letzten Anteil von 10 Prozent.
6 Das Basa-Netz, die bahneigenen Fernsprechverbindungen, wurde mit 50,2 Prozent in ein Konsortium der Mannesmann AG eingebracht, in dem auch die US-Telefonfirma AT & T sowie die Unisource beteiligt sind. Daraus ging ARCOR hervor, gehört jetzt dem britischen Unternehmen Vodafone.

	Arbeit[7], Forschungs- und Technologie-Zentrum, Deutsches Bahn-Museum, Bahn-Umwelt-Zentrum, Medien GmbH, Interne Revision, Konzerneinkauf,
1. Juli 1997	Einrichtung eines Bereichs Spezialwerke,
1. August 1997	Gründung der Deutschen Bahn Medien GmbH,
4. Dezember 1997	Beschluss des Aufsichtsrates zur vollständigen Übernahme der Geschäftsanteile des Reisebüros DER und zur Konzernstruktur der zweiten Stufe der Bahnreform,
1. Januar 1998	Auflösung des Geschäftsbereichs Traktion und Werke und Einbeziehung der Funktionen in die Transportbereiche, Vollständige Übernahme des Stückgutverkehrs durch Bahntrans,
1. Januar 1998	Einrichtung eines Dienstleistungszentrums Bahn-Tankservice, Bildung von Bau- und Montageniederlassungen im Geschäftsbereich Bahnbau,
April 1998	Neue Aufgabenverteilung der »Planbaren Instandhaltung« zwischen den Geschäftsbereichen Netz und Bahnbau, Übergang von etwa 4000 Mitarbeitern zum Geschäftsbereich Bahnbau,
17. April 1998	Verschmelzung der Bahnbus-Holding GmbH mit dem Geschäftsbereich Nahverkehr,
1. Mai 1998	Einrichtung des Projekts »Integrierte Umrüstung Fahrzeuge«,
1. Juni 1998	Neuorganisation des Einkaufs, Neuordnung der Geschäftsleitung im Geschäftsbereich Bahnbau,
1. Juli 1998	Überleitung der Haftpflicht-, Insolvenz- und Mahnangelegenheiten aus den Haftpflichtgruppen in die Geschäftsbereiche, Einführung einer neuen Verkaufsstruktur im Geschäftsbereich Fernverkehr, Wegfall der Zweigniederlassungen,
1. September 1998	Überführung von Aufgaben der Konzernsicherheit zur Bahn-Schutz & Service GmbH,
1. Oktober 1998	Einrichtung eines Kompetenzzentrums Sanierungsmanagement, Weiterentwicklung des Dienstleistungszentrums Anlagen- und Hausservice zum Profitcenter, Neuordnung der Netzdienste im Geschäftsbereich Netz
1. Januar 1999	Verringerung der Niederlassungen von 20 auf 13 bei DB-Cargo,
1. Juni 1999	Ausgründungen und Überführung der Bereiche in Mantelgesellschaften (zum Beispiel DB-Anlagen- und Haus-Service, DB-Gastronomie, DB-Informatik-Dienste, DB-Arbeit, DB-Tankservice),
1. Juni 1999	Ausgliederung der Geschäftsbereiche.

7　das bahninterne Arbeitsamt

Die Deutsche Bahn stand 1994 nicht nur vor der – ungelösten – Aufgabe, sich den marktwirtschaftlichen Bedingungen anzupassen, sie musste immer noch die Unterschiede zwischen den fusionierten Bahnverwaltungen tilgen. Allerdings konnten die Vorschriften des Betriebsdienstes, die sich seitdem Richtlinien und in Summe Regelwerk nannten, nicht über Nacht vereinheitlicht werden. Zu viel stand für die Sicherheit des Zugverkehrs auf dem Spiel. Nach 20 Jahren ist der Vorgang noch nicht abgeschlossen. Bei der Deutsche Reichsbahn in der Vorkriegszeit war es nicht anders, als sie die unterschiedlichen Regelungen der Länderbahnen zu harmonisieren hatte.

Einfaches wird unglaublich

Dass bei der Deutschen Bahn ein neuer Wind wehte, bemerkten die Eisenbahner in Ost und West recht schnell, schon an den neuen Sprachgewohnheiten, dem »weltläufigen« Englisch, das die Führungskräfte der Lufthansa zur Bahn brachten. Speisewagen wurden zu Bordtreffs, Unterwegshalte zu Zwischenstopps, Fahrkarten zu Tickets, Warteräume zu Lounges usw. Selbst in den Brückenbauten des 2006 eingeweihten Berliner Hauptbahnhofs, in die die Konzernleitung einziehen soll, wird es kein »Büro der kurzen Wege« geben, sondern man betritt das »Open Space Office« mit Mall (Eingangsbereich, Flur), läuft an dem Meeting Point (Teeküche) vorbei und gelangt zum Think Tank (Gedankenschmiede). Allen Ernstes: So versucht man aus einfachen Dingen Unglaubliches zu machen. Dafür wissen die neuen »Fachleute« bei der Eisenbahn häufig nicht mehr, was Umweg- oder Übergangsfahrkarten sind, was Besetzung der Züge bedeutet, geschweige denn, dass ein Lokführer kein Zugführer ist.

Seit 1996 blühte der Personennahverkehr auf. Wenn Strecken nicht stillgelegt wurden, fuhren die Züge in einer Dichte wie nie zuvor. Sogar einige in Jahrzehnten zuvor von der Bundesbahn stillgelegten Strecken wurden wieder

133

▲ Ein feiner neuer Triebwagen in Berlin Zoologischer Garten (2002). 618 001 (»LIREX« = Leichter Innovativer Regionalexpress) fuhr als Sonderzug nach Stendal. DB-Regio bestellte von dieser Neuheit 49 vierteilige, aber elektrische Triebzüge.   Foto: Emersleben

zum Leben erweckt, fast ausschließlich auf Initiative der Länder und Kommunen. Denn der Nahverkehr war »regionalisiert« worden, dass bedeutete, er war in die Obhut der einzelnen Bundesländer übergegangen. Seitdem gilt das Prinzip: »Wer bestellt, bezahlt«. Die Verkehrsverbünde oder die Länder bestellen die Nahverkehrszüge und finanzieren sie aus einem von Steuern gespeisten Fonds.

Am 1. Juli 2001 bildeten die Stinnes AG und die Deutsche Bahn ein Gemeinschaftsunternehmen, Railog genannt, zu der die Spedition Schenker gehörte, die erst 1991 von der Deutschen Bundesbahn verkauft worden war. Am 1. September 2003 wurde die Stinnes AG (sie gehörte zu über 60 Prozent dem Energiekonzern E-on) eine Organisationseinheit der Deutschen Bahn. Sie kostete 2,5 Milliarden Euro, ein Fünftel kam aus dem Eigenkapital der Bahn, der Rest wurde durch Anleihen aufgebracht. Vorerst blieb der Name Stinnes für die in Berlin ansässige Führungsgesellschaft für Trans-

port, Spedition und Logistik, der die Bereiche Schenker in Essen, Vertriebsgesellschaften und der Eisenbahngüterverkehr mit dem putzigen Namen »Railion Deutschland« sowie »Railion Nederland« und »Railion Danmark« unterstellt wurden. »Railion Logistics« löste am 1. Oktober 2005 DB-Cargo ab. Die Marke Stinnes verschwand 2007 anlässlich einer der schier unzähligen Strukturveränderungen.

Aus Railion wurden die Firmen »DB Schenker« und »DB Schenker-Rail«. Die Zusammenführung der Groß-Spedition und des »abgemarkten« Schienenverkehrs nicht funktionierte nicht. Die Schenker-Leute wollten an ihren Fahrzeugen nicht die Anschriften »DB« oder »Bahn« haben; regelmäßig verließen frustriert Führungskräfte das Unternehmen, die mit der Symbiose Spedition und Schienenverkehr nichts anzufangen wussten.

Aber in Mehdorn reiften die Träume vom »Global Player«, der den Verkehr in aller Welt beherrscht. Regelmäßig zählte er auf, auf welchen vorderen Plätzen das Unternehmen auf dem Lande, zu Wasser und in der Luft stehe. Die »Deutsche Bahn« sei die beste Bahn der Welt. Andere bewunderten sie. Bei so viel Eigenlob blieb für die anderen Eisenbahnverkehrsunternehmen nur Geringschätzung. Ein sinnvolles Miteinander etwa beim Vertrieb, dem Verkauf der Fahrkarten, schlossen er und seine Führungskräfte aus. Diese Geisteshaltung gipfelte in der Marke »DB Die Bahn«, als gäbe es keine andere mehr.

Mit der Übernahme von Stinnes bzw. Schenker konnte die Deutsche Bahn den Güterverkehrskunden »Transportketten aus einer Hand« anbieten. Die Schenker AG bescherte der Deutschen Bahn weitaus mehr Umsatz und Gewinn als allein der Schienengüterverkehr. Güterverkehrs-Vorstand Malmström sagte 2004 auf dem sogenannten Konzerntreff: »Schenker liefert der Deutschen Bahn auf dem Weg an die Börse eine überzeugende Story.« Doch das Sorgenkind Eisenbahngüterverkehr blieb. Es wurde zur Spielwiese für Rationalisierungen nach einem Muster, wie früher die Deutsche Bundesbahn versuchte, sich durch Streckenstilllegungen zu sanieren – ohne Erfolg.

Aus dem einstigen Dienstzweig Güterverkehr war 2009 »der europäische Schienengüterverkehr der Deutschen Bahn AG«, als DB Schenker Rail bezeichnet, geworden. Am 1. Januar 2010 wurden drei Regionale Geschäftseinheiten gebildet: Deutschland/Region Central, Region West und Region East. Dass unter den gegebenen Bedingungen der Güterverkehr einmal das Geld bringt, mit dem auch der defizitäre Reiseverkehr finanziert wird, wie das früher einmal war, ist nicht zu erwarten, schon wegen des Verbots von Querfinanzierungen. Die Eisenbahn verlor endgültig ihr wichtigstes Feld.

Zum Agieren nach rein betriebswirtschaftlichen Gesichtspunkten – wenn man sich dem Gemeinwohl nicht mehr verpflichtet fühlte und nur die Einsparung von Kosten im Blick hat – gehörten seit 2000 die Projekte MORA P und MORA C (MORA = Marktorientiertes Angebot Personenverkehr bzw. Cargo). In der Folge

▲ Die Bayerische Oberlandbahn, Tochtergesellschaft von Veolia Verkehr, mit den »Integral«-Triebwagen in München Hbf (1999).
Foto: Emersleben

beschränkte man im Personenverkehr die Zahl der Fernzüge und schaffte die erfolgreiche und beliebte Gattung Interregio als »Produkt« zwischen dem Intercity und dem Nahverkehrszug ab. Was blieb, nannte sich nun Intercity, denn aus dem ehemaligen Intercity war längst der Intercity-Express geworden, beide für die Fahrgäste zuschlagpflichtig und damit teurer. Den Reisenden gaukelte man vor, der Intercity-Express sei eine schnelle und meist bequeme Möglichkeit, um von A nach B zu kommen.

Abschied vom Einzelwagenverkehr

Bis 31. Dezember 2001 wurde der Einzelwagenverkehr konzentriert, der bisher zu 40 Prozent an der Verkehrsleistung im Güterverkehr beteiligt war. Um den Einzelwagen und das Bedienen der Anschlussbahnen bemühten sich andere Eisenbahnverkehrsunternehmen. Das Fahren mit Ganzzügen erschien lukrativer, für die Ende 2002 neue Bezeichnungen eingeführt wurden: Plantrain, Variotrain und Flextrain. Vorstand Heinisch soll es zu verdanken sein, dass der Einzelwagenverkehr immer noch bei täglich 50.000 Wagen liegt. Für ihn wurden die Produkte Classic und Quality angeboten.

▲ Am Rhein bei Braubach. Aus DB-Cargo wurde Railion, DB-Schenker, Schenker Rail.   *Foto: DB/Spielhofen*

▲ Die Spedition Stinnes/Schenker vergoldete die Bilanzen der Bahn.   *Foto: DB/Schmid*

Zu MORA C gehörte die Beschränkung der Güterverkehrsstellen (früher Güterabfertigung genannt) von 2100 auf 900, der Satelliten mit Rangiermitteln von 200 auf 100, der regionalen Zugbildungsanlagen (Knotenbahnhöfe) von 80 auf 40 und der überregionalen Zugbildungsanlagen (Rangierbahnhöfe) von 14 auf 8.

Mehdorn wollte nicht nur eine umstrukturierte Bahngesellschaft; er sah sich im Auftrag der Regierung, aus der Deutschen Bahn ein DAX-Unternehmen zu machen, das den Staat nichts kostet, sondern Gewinn abführt. Um börsenfähig zu werden, wurde das Bestandsnetz systematisch vernachlässigt und abgebaut. Viele Kreuzungs- und Überholungsgleise, die ebenso für die Züge anderer Eisenbahnverkehrsunternehmen gebraucht werden und für die Ausweitung des Güterverkehrs dringend nötig wären, wanderten bei der »Optimierung des Bestandsnetzes« als Schrott in chinesische Hochöfen.

Die Vernichtung von Infrastruktur lässt sich nicht allein an der Verkürzung der Betriebslänge der Gleise ablesen (siehe Tabelle auf Seite 138). Viele Haupt- und Nebengleise wurden abgerissen, Blockstellen stillgelegt, Bahnhöfe zu Haltepunkten. Manche Strecken lassen nur noch den Taktfahrplan des Nahverkehrs zu, wie Rostock – Wismar, weitere Zugfahrten sind wegen der reduzierten Anlagen unmöglich geworden.

Bahnhofsgebäude wurden geräumt und den Kommunen unter der euphemistischen Überschrift »Einladung zum Dialog« zum Kauf angeboten. Wenn diese wegen Desinteresses oder des überhöhten Kaufpreises dazu nicht bereit waren, kamen die Gebäude zu Hunderten als Paket an Immobiliengesellschaften, ohne dass diese für die Gebäude eine Verwendung hatten bzw. haben. Abgesehen von einzelnen Schmuckstücken, die Rendite abwerfen, verkommen die Hochbauten, einst das »Tor zur Stadt« zu Schandflecken oder werden abgerissen.

Die halbjährlich vorgestellten Bilanzen glänzten immer mehr. Trotzdem war der von Mehdorn ersehnte Börsengang 2004 noch nicht möglich, reichten die Ergebnisse, die Rendite auf das betriebliche Vermögen (ROCE), dafür noch nicht

▲ Ein Chemiezug von Ruhland nach Ludwigshafen (Rhein) in Großkorbetha (2000).   Foto: Emersleben

aus: 2004 3,8 Prozent, 2005 5 Prozent, 2006 7,5 Prozent, 2007 8,7 Prozent, 2008 8,9 Prozent, 2009 5 Prozent – 10 Prozent sollten es schon sein.

Was boten er und seine Diener auf, um Politikern, Journalisten und auch den Bürgern schmackhaft zu machen, die Zeit und die Bahn sei reif dafür! Die Öffentlichkeit wurde mit Gutachten von Professoren überschüttet, Agitation und Propaganda des Konzerns liefen auf Hochtouren, bis sich nur noch Wenige eine klare Meinung bewahren konnten. Die Mehrheit der Angesprochenen empfand den Börsengang schließlich als den richtigen Weg, damit »die Bahn im Wettbewerb bestehen« könne.

▲ Gut für die Selbstdarstellung: Der ICE-3 auf der Hochgeschwindigkeitsstrecke Köln – Rhein/Main.   Foto: DB/Warter

Stadt, Land, Fluß: im InterRegio.

▲ Werbung für den Interregio, später angeblich eine unwirtschaftliche Zuggattung (2006).　　　Foto: Emersleben

Die Bürger blieben vorerst merkwürdig desinteressiert an der Zukunft ihrer Eisenbahn. Dabei ist die Deutsche Bahn ein Unternehmen, das gesellschaftliche notwendige Dienstleistungen erbringt. Ob die »Daseinsfürsorge« nur für den Nahverkehr gelten sollte und nur dort staatliche Aufgabe sei, ist unter Fachleuten umstritten. Auch das Hauptziel der 1994 verkündeten »Bahnreform«, nämlich mehr Verkehr auf die Schiene zu bringen, erreichte Mehdorn in den zehn Jahren als Vorstandsvorsitzender nicht. Nicht im Personenfern-, nur im Personennahverkehr gelang es, nennenswerten Zuwachs von Marktanteilen zu erhalten. Im Fernverkehr blieb es bei den 6 oder 7 Prozent Anteil unter den Verkehrsträgern. Der Nahverkehr hat seinen Erfolg vor allem durch andere Eisenbahnverkehrsunternehmen, die übrigens auf den Kontakt zwischen Personal und Fahrgästen größeren Wert als die Deutsche Bahn legen.

Im Fernverkehr glaubt die Deutsche Bahn, ihre Zukunft liege vor allem im Hochgeschwindigkeitsverkehr mit dem »Drum-Herum« wie herausgeputzte Bahnhofsgebäude, in denen sich der Kommerz lohnt, mit Bahnsteigmöbeln und einer Ideologie, als bestünde Bahnfahren nur aus der Ortsveränderung zwischen den großen Städten. Dabei gibt es trotz der riesigen Investitionen für die Hochgeschwindigkeitsstrecken kein zusammenhängendes Netz, das die Reisezeiten insgesamt wesentlich verkürzt. Sie blieben in vielen Verbindungen auf dem Niveau der Jahre 1933 bis 1939.

Ohnehin ist die Bahn bei vielen Bürgern als unzuverlässig (was so nicht zutrifft), kompliziert und teuer bekannt, als Alternative zum Reisen mit dem Pkw ist sie vielen Menschen unbekannt geworden. Bereits zum Beginn der dreißiger Jahre galt Zugfahren als zurückgeblieben, denn wer wirklich mit der Zeit gehen wollte, der klemmte sich hinter das Steuer

Zahlen und Fakten zur Deutschen Bahn

Jahr	Personalbestand	Betriebslänge	Stellwerke		Reisende	Frachtgut
1. Januar		[km]	Gleisbild	elektronisch	[Mill.]	[Mill. t]
1994	364.960	40.385	2.202	30	1420,6	305
1999	268.743	38.077,8	?	87	1599	289
2004	249.251	35.593,4	?	501	1681,7	282,3
2009	240.008	33.862	?	893	1919	378,7

eines Autos. Diese Haltung wird verstärkt durch die Medien, die neuen Pkw-Modellen größte Aufmerksamkeit widmen, neuen Lokomotiven oder Triebwagen kaum. Zählen sie Berufstätige mit Schichtarbeit auf, nennen sie regelmäßig die Krankenschwester und den Gefängniswärter, den Eisenbahner nicht (mehr).

Im Güterverkehr sorgten vor allem Zukäufe ausländischer Bahnen wie EWS in Großbritannien für ein Plus, weniger erfolgreiches Einwerben neuer Güterkunden. Die überließ die Deutsche Bahn generös der privaten Konkurrenten.

In den 15 Jahren Deutsche Bahn von 1994 bis 2009 fuhr Vieles von der Epoche der Eisenbahnen auf das Abstellgleis, Generationen von Zugschaffnern, Schrankenwärtern, Fahrdienstleitern, Lokomotivführern, Schlossern usw. usf. wurden verabschiedet. Vorbei war die Zeit der Kurs- und Verstärkungswagen, der übersichtlichen Fahrpreise (stattdessen Sonderaktionen),

der Aufsicht und des Blumenschmucks auf den Bahnsteigen, des ordentlich verfassten Kursbuches, der gediegenen Bahnhofswirtschaft, der Gepäckbeförderung und der Trinkwasserbrunnen auf dem Bahnhof.

Negative Schlagzeilen

Nicht die Daseinsfürsorge, die Effizienz wurde zum Maßstab gemacht. Für die schönen Bilanzen stellte der Bahnvorstand einen rigiden Sparfahrplan auf. Heraus kamen nur noch negative Schlagzeilen, beim verkorksten Preissystem von 2002, bei dem die Reisenden auf die Kapazitäten verteilt werden und nicht umgekehrt diese sich nach dem Bedarf richten sollten, bei der Einführung von Bedienzuschlägen sowie bei der Instandhaltung von Fahrzeugen und Anlagen.

Als eine Quittung für die Strategien der Manager und ihrer Berater stellte sich, um ein

▲ Ein ICE-T und der S-Bahn-Zug, Baureihe 481, befahren nahe dem Bahnhof Alexanderplatz in Berlin die bekannte Stadtbahn.

Foto: DB/Lautenschläger

139

Beispiel zu nennen, das sogenannte »S-Bahn-Chaos« in Berlin dar. Dort standen wegen der von der Aufsichtsbehörde, dem Eisenbahn-Bundesamt, angeordneten Überprüfung sämtlicher Fahrzeuge wegen unterlassener Instandhaltung und Reparatur plötzlich nur noch wenige Fahrzeuge für den Betrieb zur Verfügung. Der Bevölkerung schwante, was sie von einer nur auf Rendite ausgerichteten Eisenbahn zu erwarten habe.

Der Börsengang blieb umstritten, auch im Verkehrsausschuss des Bundestages und beim Koalitionspartner SPD, als endlich 2008 das Ziel erreicht sein sollte. Im Bundestag widersetzte sich konsequent nur die PDS-Fraktion bzw. die Fraktion »Die Linke« der Privatisierung, erwartete sie doch aus Erfahrung mit anderen Privatisierungen nur Nachteile für die Bürger und keine bessere Bahn. Immerhin wollten die Politiker von Bündnis 90/Die Grünen, FDP und Union dem Monopolisten des Schienenverkehrs nicht das Netz überlassen. Lediglich die Verkehrsgesellschaften, also die des Personen- und Güterverkehrs, zumindest die Spedition Schenker, sollten privatisiert werden.

Bei den unterschiedlichen Auffassungen zum Börsengang musste ein Kompromiss gefunden werden. Der kam 2008 aus dem Bundesverkehrsministerium als fragwürdige Konstruktion, für die zwei Aktiengesellschaften gebildet werden mussten: die Deutsche Bahn und die Deutsche Bahn Mobility Logistics. Übergeordnet eine Holding mit dem Vorstandsvorsitzenden für beide Unternehmen (Hartmut Mehdorn) und dem Vorstand Finanzen/Controlling (Diethelm Sack).

Der Bahn-Konzern aufgeteilt in

o Deutsche Bahn mit den Geschäftsfeldern DB Netze, Fahrweg, Personenbahnhöfe, Energie. Vorstand Infrastruktur: Stefan Garber, Vorstand Personal: Norbert Hansen, Vorstand Wirtschaft und Politik: Otto Wiesheu sowie

o Mobility Logistics mit den Geschäftsfeldern DB Bahn Fernverkehr, Regio, Stadtverkehr, DB Schenker Rail, Schenker Logistics und DB Dienstleistungen. Vorstand Personenverkehr: Karl-Friedrich Rausch, Vorstand Transport und Logistik: Norbert Bensel, Vorstand Personal und Dienstleistungen: Margret Suckale.

Die Infrastruktur, die ja einmal die Steuerzahler bezahlt hatten, sollte vollständig im Eigentum der Bundesrepublik bleiben. Bei DB Mobility Logistics hätte der Bund mindestens 75,1 Prozent behalten, aber bis zu 24,9 Prozent sollten an Investoren verkauft werden. Damit dieser Anteil attraktiv erschien, wurden in den Bilanzen die Ergebnisse von Verlust und Ertrag kräftig umgeschaufelt und durch »Sonstiges« belebt. »Sonstiges« waren die überzähligen Beschäftigten, die sich im konzerninternen Arbeitsmarkt wiederfanden, und der Verkauf von Beteiligungen wie das einst bahneigene Fernsprechnetz, nun Arcor genannt.

Abgesagter Börsengang

Der Kollaps der Finanzmärkte im Jahr 2008 vereitelte den Börsengang. In einer dürren Pressemitteilung hieß es am 9. Oktober 2008: »Das Bundesfinanzministerium und die Deutsche Bahn haben angesichts der extremen Unsicherheiten an den Finanzmärkten und zur Wahrung eines fairen Preises entschieden, den Börsengang der DB Mobility Logistics AG bei einem besseren Marktumfeld vorzunehmen.« Trotzig lautete der nächste Satz: »Der Börsengang der Bahn kommt.«

2009 wurde zum Jahr der Umsatzverluste bis zu einem Viertel im Personenfern- und im Güterverkehr. Die Skeptiker fühlten sich bestätigt.

Mehdorn verlor bei den Bürgern und bei den Politikern immer mehr an Zustimmung. Die Deutsche Bahn reihte sich in die Gruppe der Konzerne ein, die im Privatleben ihrer Mitarbeiter schnüffelten. Unter dem Deckmantel der Korruptionsbekämpfung waren Bankkonten, Autokennzeichen und sogar der Gesundheitszustand fast aller Mitarbeiter und – das teilweise mehrmals – ausgespäht worden. Mehdorn und seine Konzernkommunikation behaupteten unverdrossen, das sei alles rechtens und gut.

Die teuren Aktionen mit phantasievollen Decknamen wie Uhu, Rubens, Eichhörnchen oder Kabeljau erwiesen sich nach der Prüfung der Sonderermittler, der ehemaligen Bundesminister Däubler-Gmelin und Baum, als illegal. Die zwiespältige Einstellung des Vorstandes und seiner Helfer zu den Eisenbahnern und das vergiftete Unternehmensklima waren offenkundig. Der Personalvorstand Margret Suckale zeigte bereits 2008 in ihren Äußerungen zu den Lohnforderungen der Gewerkschaft der Lokomotivführer und dem Streik ihr vollständiges Unverständnis für einen Berufsstand, dem die Bürger einmal Hochachtung zollten. Die Stimmen, die meinten, es sei höchste Eisenbahn, dass »Mehdorn & Co« (Co = Suckale, Hansen, Bensel, Wiesheu) abtraten, wurden immer lauter. Die zehn Mehdorn-Jahre erweisen sich im Rückblick an vielen Stellen für den Schienenverkehr in Deutschland als eine vergeudete Zeit. Nachfolger Rüdiger Grube und weitere Vorstände hinterlassen den Eindruck, die Mitarbeiter zu

▲ Die Deutsche Bahn baute die Strecke Halle – Leipzig für die neue S-Bahn um (1999). *Foto: Emersleben*

achten und sich den wirklichen Problemen, in denen die Deutsche Bahn steckt, zuwenden zu wollen. Sie, die mit eigenen Mitteln das Netz instandhalten muss, der Verbesserungen durch Investitionen wie beim Straßenbau aus Steuermitteln finanziert werden, ist mit durchschnittlich 2,5 Milliarden Euro im Jahr unterfinanziert. Nach einer Studie des Verbandes »Allianz pro Schiene« sind im Vergleich mit westeuropäischen Ländern die Pro-Kopf-Investitionen mit 47 Euro in die Schieneninfrastruktur in Deutschland am

▲ Großes Aufräumen der Gleise in Gera Hbf (2006). *Foto: Emersleben*

niedrigsten. In der Schweiz werden dafür 284 Euro ausgegeben, in Italien immerhin 60 Euro. Auch in anderer Hinsicht benachteiligt der Gesetzgeber die Eisenbahn. Sie muss auf die Fahrgeldeinnahmen die volle Mehrwertsteuer entrichten, bezahlt Stromsteuer (2009 je kWh 1,14 €, Mineralsteuer je Liter im Güterverkehr 0,47 €, je Liter im Nahverkehr 0,42 €, 2010 Abgaben des Emissionshandels 300 Millionen €). Wäre die Deutsche Bahn von den Steuern befreit, kostete die Fahrkarte Berlin – Frankfurt (Main) 2. Klasse 23 € statt 120 €, unschlagbar im Vergleich mit dem Pkw!

Die Deutsche Bahn war 2009 mit 15,3 Milliarden Euro verschuldet, besaß aber 10,3 Milliarden Euro Eigenkapital. Die Rendite darauf belief sich auf nur noch 5 Prozent. Beim Börsengang sind mindestens 10 Prozent Rendite üblich.

Der Vorstand hatte sich 2009 zum Ziel gesetzt, rund 5 Milliarden Euro der Verschuldung abzubauen, um das Verhältnis 1:1 von Schulden und Eigenkapital herzustellen – wie vom Gesetzge-ber verlangt. Das ist wieder nur mit eisernem Sparen möglich, denn eine Besserung mit höheren Umsätzen ist für den Schienenverkehr nicht abzusehen.

»Zu keinem Unternehmen haben die Deutschen ein engeres Verhältnis als zur Bahn. Doch die macht sich einfach davon.«[8] Auch der Vorstandsvorsitzende Grube hält an dem Ziel der Privatisierung eisern fest. Der »Global Player« tummelte sich 2009 wieder jenseits der deutschen Grenzen: ein milliardenschwerer Auftrag zum Bau eines Eisenbahnnetzes in Katar, Güterbahn-Niederlassungen in Polen, Regionalbahnleistungen in Schweden und Großbritannien. Sie bringen den Konzern dem Ziel näher, das Grube unter »weltweit vernetzte Tür-zu-Tür-Angebote« im »Portfolio« haben möchte.

Die Termine für die Bahnprivatisierung sind aufgeschoben, die Regierungspolitik kann sich anders als es die Mehrheit der Bürger will nur eine private Eisenbahn vorstellen – ein Irrglaube, wie die Geschichte lehrt.

---

8   Überschrift in der »Süddeutschen Zeitung« vom 31. Oktober 2009

▲ Oder doch in der Verkehrspolitik? In Kempten (Allgäu) Hbf (2009).   *Foto: Emersleben*

▲ Wenig bekannt sind die Rangierbahnhöfe, wie dieser moderne in Hamburg Alte Süderelbe (2008).

Quellenverzeichnis

[1] Mück: Deutschlands erste Eisenbahn mit Dampfkraft, Fürth 1985

[2] Mayer: Geschichte und Geographie der Deutschen Eisenbahnen, Berlin 1891, Reprint Berlin 1984

[3] Sturm: Die pfälzischen Eisenbahnen, Ludwigshafen 2005

[4] Die Braunschweigische Staatseisenbahn 1838 – 1938, Braunschweig 1938

[5] Rehbein, Ellwanger: Die Deutsche Reichsbahn-Gesellschaft. In: Die Bundesbahn, Darmstadt 1990

[6] Klee: Preußische Eisenbahngeschichte, Stuttgart/Berlin/Köln/Mainz 1982

[7] Busch: Die Geburtsstunde der Deutschen Bundesbahn. In: Die Bundesbahn, Darmstadt 1951

[8] Machel (Hrsg.): Neben- und Schmalspurbahnen, Sammelwerk, München

[9] Grimm: Die neue Bundesbahndirektion Saarbrücken. In: Die Bundesbahn, Darmstadt 1960

[10] Hoogen: Das Deutsche Eisenbahnwesen. In: Zeitung des Vereins Mitteleuropäischer Eisenbahnverwaltungen, Berlin 1935

[11] Die deutschen Eisenbahnen im Ersten Weltkrieg. Denkschrift des Reichsverkehrsministeriums, 1926

[12] Hundert Jahre Deutsche Eisenbahnen, herausgegeben vom Reichsverkehrsministerium 1938

[13] Rossberg: Deutsches Eisenbahn-Archiv, Braunschweig 2008

[14] Weigelt: Bayerische Eisenbahnen: vom Saumpfad zum Intercity, Stuttgart 1982

[15] Gottwald: Dorpmüllers Reichsbahn, Freiburg 2009

[16] Gottwaldt/Schulle: Juden ist die Benutzung von Speisewagen untersagt, Teetz 2007

[17] Die Reichsbahn, Berlin 1931

[18] Eisenbahnen und Eisenbahner zwischen 1920 und 1924, 1925 und 1930, 1931 und 1935. Frankfurt am Main 1972

[19] Bundesarchiv R-5 7644,

[20] Vor 40 Jahren... In: Die Bundesbahn. Darmstadt 1991 – 1993

[21] Bundesarchiv DM-1 12732

[22] Bundesarchiv DM-1 12787

[23] Bundesarchiv DM-1 1944 a

[24] Bundesarchiv DM-1 1935 a

[25] Magazin der »Frankfurter Allgemeinen Zeitung«, 24. Dezember 1993

[26] Dürr: In der ersten Reihe, Berlin 2008